高校生からのリーダーシップ入門

日向野幹也 Higano Mikinari

JN178546

★――ちくまプリマー新書

315

目次 ＊ Contents

の小さな成功」の積み重ね／目標実現のための「行動計画」を全員で立てる／「役割分担」によって、一人ひとりが行動しやすくする／支援するだけでなく、堂々と支援もされる／フィードバックは何のためにするのか／日本人がフィードバックを苦手とする理由とは？／自分が気づかなかった「得意なこと」を発見できる／ポジティブなフィードバックから始めよう／発するときには、「S・B・I」の三つを盛り込む／改善のためのフィードバックの必要性／質問を駆使して、相手が受け取りやすくする／落ち込んだときは、「前向きな言い直し」を行う／改善したほうがいいことは、「改善計画」に落とし込む／フィードバックの練習は、俯瞰力を高める

第4章

うまくいかないときは、こう解決する……………145

いざ始めてみたけれど……／「権限によらないリーダーシップ」を受け入れない人には、どう対応する？／あなたが権限のある立場なら、「仲介役」を引き受ける／あなたが下の立場なら、「質問」を活用していく／権

イラスト＝今井ヨージ

プロローグ　社会を生き抜くスキルとしての「リーダーシップ」

「リーダーシップ」という言葉を聞いたとき、みなさんの頭の中にはどのようなイメージが浮かびますか？　多くの人は、何らかのグループにおいて、リーダーの立場にいる人がいて、その人によって発揮される、グループを取りまとめ、目的に向かって引っ張っていく力というものをイメージするのではないでしょうか。

つまり、実力（成績やスポーツなども含む）のある人、人望のある人、カリスマ性のある人、「長」のつくような立場にある人、お金のある人など、そのグループを引っ張るにふさわしい、選ばれた人が発揮する力――。

これが、現代の日本において一般的にイメージされる「リーダーシップ」だと思います。

それゆえに、大多数の人たちは、リーダーシップというものに対して、「自分には関係ないもの」と思い込んでいるようです。「私にはリーダーシップを取れるような、人を引っ張る力も、カリスマ性も、頭のよさも、地位もないので、リーダー的な立場になることはまずないだろう」、そう思っている人が少なくないのではないでしょうか。私の感覚では、現代の日本人の大半がまだ、リーダーシップを、「力のある一握りの人が持つ才能・能力」と考えているのではないかと感じています。

一方、この本でこれから説明していくリーダーシップは、こうしたものとは、かなり異なります。あるグループにおいて、一握りの人がその他大勢を引っ張っていく形でのリーダーシップではありません。**そこに参加する全員がそれぞれの役割においてまわりに働きかけ、それが人を動かし、その積み重ねの中で結果的にグループとして何らかの成果を得る、という意味のリーダーシップ**です。

つまり、グループ内において、固定した一人もしくは少数のリーダーが存在するのではなく、そこに参加するメンバーが代わる代わる交替でグループの中心となって、全体を支えていくわけです。

そのため、この本でこれから説明していくリーダーシップは、一人もしくは少数の選ばれた人物だけが持つ特別なものではありません。そのグループに参加している人全員が必要な場面においていつでも発揮できるものといえます。そのため、前提としては抜きんでた実力とかカリスマ性とか役職の有無などに関係なく、トレーニングをすれば誰でも身につけられるのです。

●一人ひとりにリーダーシップが求められる時代になってきた

私は現在、大学でリーダーシップを教え、かつ学生とともに学んでいます。最近では、学生だけでなく、大学や高校の教職員、さらには企業の方々にもその輪を広げるようになりました。そして、そこで扱っているのが、まさにこの「**グループ内の参加者たちが代わる代わる発揮していくリーダーシップ**」です。

これは、一般的にイメージされるリーダーシップのように、リーダーとなるのに「何らかの権限」を必要としません。権限がなくても発揮し得る（というより、発揮すべき）リーダーシップなので、私は「**権限によらないリーダーシップ**」と呼んでいます。

もしかすると、こうした権限によらないリーダーシップというものが存在することは、みなさんにとって驚きだったかもしれません。ただ、現在、日本を含めて世界的に、この権限によらないリーダーシップというものの必要性が急速に高まっています。インターネットの出現などにより「変化」のスピードが猛烈に速くなり、変化の種類も多様になった現代社会において、従来型の「権限によるリーダーシップ」では対応しきれなくなってきているからです。一握りのリーダーだけに頼ってしまうと、そのグループにとって致命的な結果に至りかねないのです。

また、現代社会の抱える問題の多くは、環境問題にしても、少子化問題にしても、さまざまな要因が複雑に絡み合うがゆえに、その解決には多様なアイデアが必要です。そのため、少数ではなく、より多様性のある集団で取り組むのが近道であることが、少なくありません。その意味で現代は、「チーム」というものがより重要視されるようになってきています。

私がリーダーシップ開発を専攻してすでに12年になりますが、始めた当初と今とでは、リーダーシップ教育への関心がまったく違ってきています。スタートした頃は権限によらないリーダーシップの話をしても関心を示す人は、一部のコンサルタント会社や外資系企業くらいでした。ところが、いまや高校や大学などの教育現場や、さまざまな企業の研修等でも権限によらないリーダーシップに基づいたリーダーシップ教育を採用するところが増えてきているのです。私自身、講演や研修などに呼ばれることも多くなっています。

そして、このことは当然、「グループ」としてだけでなく「個人」それぞれがリーダーシップの態度とスキルを身につけることの重要性が高まっている、ということでもあります。なぜなら権限によらないリーダーシップとは、グループの参加者一人ひとりがリーダーシップを発揮することですから。

●学び始めは早めのほうが良い

この本を読んでくださっているみなさんにも、もちろんこのことは当てはまります。リーダーシップの態度とスキルを身につけ、それをどのグループに参加したときにも使えるレベルにしておく。**それはこれからの時代を生きる人には、社会を生き抜くための必須のスキルだと私は考えます。**

さらに、その態度とスキルを身につけるのは、社会に出てからではなく、高校生や大学生くらいからのほうがスムーズです。なぜなら、会社等で働き始めて、たとえば後輩や部下などを持つようになってしまうと、プライドや見栄といったものが邪魔して、権限によらないリーダーシップを素直に受け入れられなくなる傾向があるからです（もちろん、それは人によりけりではありますが）。

一方、10代のうちは頭もまだ柔軟です。いろいろなことを、ある程度抵抗なく受け入れることができます。しかも、高校生くらいの年齢（10代半ば）になると、自分自身をある程度客観視できるようになります。後述もしますが、「自分を客観視できる」というのは、リーダーシップの態度とスキルを身につける上で非常に重要です。その意味で、中学生以下の年齢では、まだ自分を客観視できないことも多く、学校などで一斉にリーダーシップ教育を始めるにはやや早いかもしれません。

ちなみに、リーダーシップの態度とスキルを学びやすい機会に恵まれているという点では、大学よりも高校のほうがさらに有利です。なぜなら、高校の場合、クラスや部活動など、メンバーがある程度固定化したグループで活動する機会が多いからです。日々の授業、部活動、クラス単位で行う合唱コンクールや体育祭、文化祭など。これらは、まさしく一人ひとりがリーダーシップを発揮できる機会です。

といっても、大学や短大、専門学校などに入ってからでも、もちろん社会人になってからでもリーダーシップの態度とスキルを身につけ、磨ける機会はいくらでもあります。校内での行事やサークル活動、アルバイト、ボランティア活動などの学校外での活動、社会人であれば、日々働いている職場などです。最近は、学生時代から起業する人も出てきていますが、これなどはまさにリーダーシップの態度とスキルを身につける大きな機会といえます。

脳も柔軟で、かつ自分のこともある程度客観視でき、探せばリーダーシップを発揮できる場がたくさんある10代半ばから20代の若い時期こそ、一人ひとりがリーダーシップの態度とスキルを習得し、さらには磨いていくのに最適なのです。

●リーダーシップの態度とスキルは、あなたの人生を豊かにする

この**権限によらないリーダーシップのメリットは、変化の速い時代にすばやく対応できること**だけではありません。グループ内の一人ひとりがリーダーシップを発揮できることで、固定化した一人あるいは少人数のリーダーがグループを引っ張っていくよりも、**すばやく、かつよりよい成果を生み出していきやすいのです。その成果を目標として全員で共有しながら、一人ひとりが知恵を出し、たくさんの力を結集して一丸となって問題を解決し、また行動する**のですから、これは当然のことといえば当然です。

さらに、権限によらないリーダーシップの実践は、グループとしてよりよい成果を出しやすくなるだけでなく、そこに**参加する個人にとっても、より楽しい、より学びの深い、より自分の成長を促す経験となっていきます。**つまり、自分自身がリーダーシップのスキルを身につけることで、学校生活が楽しくなったり、勉強の質も上がったり、部活動の成果も出たり……と、個人の生活を豊かにする効果も期待できるのです。

そのことは、大学で若者たちを教えていて経験します。リーダーシップの授業を通じて身につけた態度やスキルを、彼らの多くは次第に授業外でも使っていくようになります。その結果、自分たちでどんどん学生時代の生活を充実したものに変えていっているのです。そのような彼らを目にするたびに、リーダーシップの態度とスキルには、人生を豊かにする力もあるのだと思います。

本書では、そのリーダーシップの態度とスキルを身につけるための方法を、解説していきます。

第1章では、「権限によるリーダーシップ」と「権限によらないリーダーシップ」の違いと、後者が必要とされるようになった時代背景などを紹介していきます。第2章では、「権限によらないリーダーシップ」がきちんと機能するために必要な三つの基本要素について解説します。

第3章は、具体的なリーダーシップの態度とスキルの身につけ方です。私が大学で行っているリーダーシップ教育をベースに、個人で取り組めるようにその習得のノウハウを述べていきます。

そして、最後の第4章では、「権限によらないリーダーシップ」を実践するにあたり直面するさまざまな問題を取り上げ、その解決方法を考えます。

本書は、高校生・大学生・大学院生、そして場合によっては若いビジネスパーソンに読んでもらうことを念頭に書きましたが、高校や大学・大学院の教職員や、さらには高校生・大学生をお子さんに持つご両親にも読んでいただきたいと思います。

本書で説明する経験学習的なリーダーシップ教育の科目はどんどん増えて、2021年度現在で全国で約20の大学で開講されています。

では、さっそく本題に入っていきましょう。

第1章

リーダーシップとは何だろう？

●そもそもリーダーシップとは

第1章では、一般的にイメージされてきたリーダーシップ（「権限によるリーダーシップ」）と、世界標準になりつつある新しいタイプのリーダーシップ（「権限によらないリーダーシップ」）との違いや、現代の世界において後者がなぜ求められるようになってきたかの背景を述べていきたいと思います。

まず、「リーダーシップ」とはそもそも何でしょうか?

リーダーシップに関する研究はさまざまに行われていますが、そこでなされている定義の最大公約数的なものは、**「何らかの成果を生み出すために、他者に影響を与えること」**です。

そして実は、従来からある権限によるリーダーシップにおいても、新しい権限によらないリーダーシップにおいても、この定義はほぼ変わりません。どちらもリーダーシップと見なされる行動には、手に入れたい、あるいは実現したい「成果（成果目標）」があり、その達成のために、まわりを巻き込んだり、頼んだりといった「影響」を与えるという2つの要素が欠かせません。「成果目標」と「まわりへの影響」の二つの要素があってはじめて、いずれのリーダーシップも成り立つのです。

そうした定義に立つと、人類がグループ行動を始めた時点ですでにリーダーシップは生じていたと考えられます。たとえば、狩猟採集の時代に、大きな獲物《えもの》を仕留める場合、ひとりでは難しいため、グループを形成することも多かったと思います。そこでは「獲物を仕留める」という成果目標に向かって、参加するメンバーが協力（影響）し合うということが行われたことでしょう。そうした状態にあるとき、このグループにはリーダーシップが働いていたといえます。

●権限によるリーダーシップが生まれたのは自然なこと

このように、従来からのリーダーシップも新しいリーダーシップも、「定義」においてはほぼ同じです。ただ、グループに参加するメンバーの「誰」がリーダーシップを発揮するかでグループの状態は大きく異なります。従来のものは一握りの「権限のある人（たち）」です。一方、新しいものは、**「権限の有無にかかわらず、参加する人全員」**です。

「権限」とは、辞書によれば「ある範囲のことを正当に行うことができるものとして与えられている能力」です。ここで大切なのは「正当に」ということと、「与えられている」ことです。ある人に対して「やってよろしい（正当）」と誰か上位の人や組織が承認しているということです。

人類の歴史においては長い間、前者のリーダーシップが主流であったようです。これは、人間の社会を考えれば、自然なことだと思います。なぜなら、何らかの「成果」を達成するために、まわりの他者に影響を与え、動かしていくことは、簡単なことではないからです。

あなた自身の身に置き換えてみれば、それは理解しやすいと思います。たとえば、学校で新しいクラブを立ち上げたいなど、あなたが今、実現したいことがあるとします（実際に頭に思い浮かべてみてもいいでしょう）。しかし、それは自分ひとりの力では叶《かな》えられそうもなく、一緒に取り組んでくれる人が数人必要だとしましょう。となると、まわりの人たちを誘って、巻き込んでいかなければいけません。

さて、そうした行動はあなたにとって、簡単ですか？　おそらく、多くの人にとって、

「なんだか難しそうだな」とか、「ハードルが高そう」という感じなのではないでしょうか。

実際に、「目標達成のために、まわりの人に動いてもらう」ということは容易ではありません。人は、簡単には他人のために動かないものです。だからこそ、動いてもらうための「何か」が必要になります。「お金を支払う」、「あなた自身の魅力で」、「腕力にモノを言わせて」……などなど、いろいろ方法はありますが、なんといっても効果抜群なのが、人が従わざるを得ない何らかの根拠に裏付けされた「権限」を持つことです。

そうした権限を持つことができれば、まわりに命令を出し、こちらの意図通りに動いてもらい、実現したいことに近づいていくことが可能となります。人を動かしていくのにこれほど手っ取り早い方法はありません。

また、成果目標が大きければ大きいほど、その実現には多くの人の手が必要になるでしょう。グループも大きくなりがちです。大きなグループを権限によって動かしていくためには、それだけ権限も強力でなければなりません。

前述したように「権限」にはそれを裏付ける、つまり、「この人（たち）には、私たちを従わせる力がある」とまわりに納得させる「根拠」が必要です。それがないと、「なんで、この人（たち）の言うことをきかないといけないの？」と言われてしまいます。

権限を裏付ける根拠は、時代や場所、コミュニティ等によってさまざまです。神という存在が身近だった時代は、「神から選ばれたから」が根拠になり得ましたし、近代になってからは多くの国において、「民主的な選挙で選ばれたから」が政治家たちの持つ権限の根拠となっています。その他、学校生活でいえば、たとえば生徒会長は「選挙で選ばれた」が権限の根拠になります。一方、部活動などでは「競技での実力」もありますが、多くの場合、年齢や学年が権限の根拠になりがちです。また、会社組織等では、仕事での実績・キャリアなどが権限の根拠になりやすいといえます。他に、あまり良いことではありませんが、暴力や脅しが根拠になるという場合もあります。

いずれにしても、まわりが認める（認めざるを得ない）権限を持っている（あるいは、与えられている）からこそ、成果目標に向けてまわりに影響を与え、グループを動かしていくことができるのが、従来のタイプのリーダーシップなのです。

●長い間、「リーダーシップ＝権限のもとでの良い命令の出し方」だった

ただし、権限があるからといって、誰もがスムーズに従ってくれるわけではありません。それは、世界の歴史を紐解《ひもと》けば明らかです。ひとたびリーダーとなっても、部下の裏切りや、人々からの抵抗などでその座を引きずり下ろされた人たちの例は枚挙にいとまがありません。

それゆえに、従来型の「権限によるリーダーシップ」においても、まわりの人たちをうまく動かしていくためには、権限だけでなくそれにプラスした「何か」も必要となります。

それは昔なら、王や領主などの一族に代々伝わる「帝王学」のようなものだっただろうし、現代においても「リーダーシップ」をテーマにしている本の中に散見されるグループを引っ張っていくための資質や考え方、態度、スキルなどに当たるでしょう。

また、この場合の、人を動かしていくための「何か」において主となるのは、「良い

『命令』の出し方」です。

「権限によるリーダーシップ」にもさまざまなタイプがありますが、原則、支配的な立場に立つ「リーダー（たち）」は、人々に「命令」を出し、動かしていきます。

その際、重要なのは、出した命令に従わせることです。そのために、人々の恐怖心を煽《あお》る、たとえば暴力や脅しなどを用いるのも、良し悪しは別として、ひとつの方法であるのは確かです。実際、人類の歴史の中には、こうした暴力や脅しによるリーダーシップの事例はたくさんあります。

ただ、こうしたやり方は短期的にはうまくいっても、長期的にはたいてい崩壊に至ることを歴史も教えてくれています。それゆえに、命令を出すにあたって、暴力や脅しを使わず、よりスマートにスムーズに従ってもらうための方法を模索することが、長い間、リーダーシップにおいて重要視されてきました。

たとえば、無理やりではなく納得して命令に従ってもらうにはどうすればいいのか。さらには、「ぜひ、私も参加させてください」と自発的に参加してもらうにはどうしたらいいのか……などなど。それぞれの時代で、さまざまな識者が「良い『命令』の出し方」を唱え、それをリーダーの立場に立つ一握りの人たちに向けて助言する、ということが脈々と続けられてきたのです。

●従来型のリーダーシップでは社会の変化に対応できない

ただし、その文脈で議論されてきたのは、やはりあくまでも「権限によるリーダーシップ」です。上位者に任命されたあるいは選挙で選ばれた、一握りの権限を持つ一握りの人たちのための、「良い『命令』の出し方」がリーダーシップで議論されることの中心でした。こうした状況は20世紀後半まで続きます。

ところが、ここ20年、30年の間に状況が大きく揺らいできています。

この従来型のリーダーシップだけに頼っていては、物事がスムーズに進んでいかないどころか、そのグループにとって致命的な事態をもたらしかねなくなってきているのです。

その大きな要因は、プロローグでも述べましたが、世界規模で「変化」のスピードが速くなっていることが挙げられるでしょう。誰も予想しなかったような出来事が突然起こり、その結果、世界が百八十度ガラリと変わってしまうというような事態が、1980年代ごろから、世界の至るところで見られるようになったのです。

1989年のベルリンの壁崩壊と東西冷戦の終結しかり、1990年代に入り、インターネットの商用目的での使用が広がり、世界の人々のライフスタイルが一変したことしかり、昨今のグローバル化の進展で地理的、文化的、心理的などさまざまな面で世界の距離が縮まってきたことしかり。

こうした変化のスピードが速く予測もしがたい時代において、グループが何らかの目標を達成していくには、変化を敏感に感じ取り、それに対してスピーディーに対応していくことが求められます。ところが、従来型のリーダーシップでは、頂上にいる「リーダー」が一人だけであるためにさまざまな種類の変化に対応していくことが難しくなってしまいがちなのです。

たとえば、グループ内にいるメンバーの誰かがその変化に気づき、それに対応するための方法を提案しても、その人に権限がなければなかなか実現しません。権限を持つリーダーが聞く耳を持たないタイプであれば、そのままお蔵入りにもなりかねません。そうなれば、そのグループは、今起こっている変化にまったく対応できなくなってしまいます。

リーダーが変化に敏感な人(たち)であれば、まだそのグループは救われますが、そうでなければ、うまく変化に対応できず、場合によってはそのグループにとって致命的な事態をもたらすこともあり得るのです。

ここまで、従来型のリーダーシップの代表として権限によるリーダーシップのことを説明してきましたが、上位者に任命されたり選挙で選ばれたのではなく、また暴力や脅しでもないのに、権限があるかのようにみなして、人々がフォローするリーダーがいます。それがカリスマ型リーダーと呼ばれるもので、周囲が「この人には人を引っ張る特別な資質がある」と思うような人です。宗教団体を率いる人にも見られますが、そうでない普通の組織でも、特に危機的な状況で急に出現することがあります。このタイプのリーダーシップはその人だけの資質にその根拠があると周囲も認めているので、後継者を育成したり、あるいは教育によって大量に育成するといったことが難しいという欠点があります。

●参加者全員がリーダーシップを発揮する機会を持っている

こうした時代の流れの中で登場したのが、この本のテーマである「権限によらないリーダーシップ」です。つまり、従来型のように特定の人が権限のあるリーダーとなって、グループを引っ張っていくのではなく、そこに参加する一人ひとりが、権限を持たないままリーダーシップを発揮していくという形です。

従って、チームを引っ張っていく人はつねに同じではなく、「このときはAさん、このときはBさん」という具合に交代していきます。つまり、リーダーが流動的に代わっていくのです。

となると、そこに参加するメンバーは誰もがリーダーシップを発揮する機会があるわけですから、自ずとそこでの行動は自律的・主体的なものになります。グループが掲げる目標を達成するために、自分には何ができるかを自覚し、実際に行動していく。単に命令に従って行動するのではなく、積極的にそのグループに関わり、目標達成に何が必要かを自律的・主体的に考え、動いていくのです。

このように、参加するメンバー全員が自律的・主体的であれば、自ずと世の中の変化に対してすばやく対応できるグループになっていきます。なぜなら、従来型のように権限やカリスマ性を持つ固定化したリーダーが変化に気づくのを待つのではなく、気づいた人が、たとえその人に権限がなくても、グループが変化に対応できるように促していくことが可能だからです。

気づいた人がまず考えて行動する。そうしたことがしやすく、また起こしやすいグループであれば、変化にも即座に対応していけるのです。

●意外に身近で経験している「権限によらないリーダーシップ」

ここでひとつの疑問が、みなさんの頭の中に浮かぶかもしれません。「そんなリーダーシップは本当に可能なのだろうか」と。答えは明白です。可能です。というより、みなさんも日々の生活の中で知らず知らずのうちに経験しているはずです。

たとえば、道を歩いているときなどに、目の前で人が倒れたり、具合が悪そうな様子でしゃがみこんだ人がいたりするという場面に遭遇したことはありませんか？　状況はさまざまだと思いますが、これまでの人生において、似たような光景に一度や二度は、出くわしたことがあるのではないでしょうか。

そのようなとき、そこに居合わせた人たちは、誰に命令されるでもなく、互いに言葉をかけ合いながらその人を救護するために行動します。倒れた人に声をかけたり、救急車を呼ぶように誰かに頼んだり、頼まれた人はすぐに電話で救急車を呼んだりといった行動を取ったりするものです。

これは、この救護に関わる人たち一人ひとりがリーダーシップを発揮している状態です。そこにいた誰かひとりがリーダーとなって命令し、まわりの人の行動を促しているのではありません。そこに居合わせた人一人ひとりが、状況に応じて必要と思われる行動を取り、それがまわりの人たちの行動に影響し合い、「倒れた人を救護する」という結果に結びついていくのです。

これこそが権限によらないリーダーシップの姿であり、自分では意識していなくても、意外に身近なところで実践されています。たとえば学校行事などで、クラスや有志で本当に一丸となってゴールに向かって取り組んでいるときなども、自然にこうした権限にらないリーダーシップが発揮されているのです。

先に挙げた例を読み、みなさんの頭の中にはもうひとつの疑問が浮かんでくるかもしれません。

●従来の権限者も新しい役割を担うことに

それは、会社組織などを中心とした現実の多くのグループにおいては、「すでに権限を与えられている人」が存在しており、**そうした権限と、権限によらないリーダーシップは共存し得るのか**、という疑問です。実際、会社などの組織には、社長とか部長とかいった「権限者」が必ずいますので。

答えは、「共存できる」です。

組織等の中にすでに存在している「権限者」と権限によらないリーダーシップは決して対立するものではなく、互いに補完し合うものです。権限によらないリーダーシップの実践を促進するために、権限者には新しい役割があるのです。それは、権限を持たない人がリーダーシップを発揮しやすくするために「支援にまわること」と、さらに、彼らの結果に対して「責任を負う」という役割です。
このとき、とくに見逃されがちなのが、「責任を負う」です。

「権限」と「責任」はつねにセットです。権限を行使する場合、そこには責任を伴います。

それゆえに、権限によらないリーダーシップを組織内で実践しようとすると、「権限もなく、責任もとれないくせに、リーダーシップを主張するとは何事か！」という発想をする人が必ずいます。逆に、権限のない人に対してリーダーシップを求めると同時に、責任も負わせるというケースはしばしば起こります。

これらはいずれも、権限によらないリーダーシップが持つポジティブな効果を台無しにするパターンです。

たとえば、前者は権限によらないリーダーシップを完全に否定しています。そのため、こうした考え方が定着している組織では、従来型の一握りの権限者のリーダーシップに頼らざるを得ません。その結果、先述したように、時代や状況の変化にスピーディーに対応できなくなる可能性があります。

後者の場合は、権限によらないリーダーシップへの期待を掲げているものの、それを実践する人が出ないという状況に遭遇する可能性が高いでしょう。なぜなら、万が一失敗した場合、「責任は自分がすべて負わなければいけないのだ」という状況がプレッシャーとなり、多くの人がリーダーシップを自ら発揮することに躊躇《ためら》ってしまいかねないからです。

しかも、権限者の中には、成功すればその手柄を自分のものにし、うまくいかなければその責任を実行者に負わせるという、とんでもないタイプも存在します。こういう人が自分の上司だったりすると、権限のない人たちの中で「リーダーシップを発揮しよう」というモチベーションは低くなるばかりです。

権限のない人にリーダーシップを発揮してもらえるように支援し、最終的な責任は自ら引き受ける。これが、**権限によらないリーダーシップがきちんと機能する組織において、権限者が担うべき一つの役割**です。というより、権限者がそのように行動してくれないと、権限によらないリーダーシップは機能しづらくなってしまいます。

1970年代に、アメリカのリーダーシップ研究者、ロバート・グリーンリーフ博士が「サーバント・リーダーシップ」という考え方を提唱しました。これは「部下のために尽くすリーダーシップ」というものです（「サーバント」とは英語で「召使・使用人」という意味）。

私は、このサーバント・リーダーシップという立ち位置は、権限によらないリーダーシップでの、権限者の新しい役割を表現していると考えます。

つまり、権限がない人のリーダーシップを支援し、さらには、結果がうまくいこうが失敗しようが、その結果に対する責任も負う。「責任は私が負う。だから、君たちは自分たちが『これだ』と思うことをまずは自由に提案してみなさい」と言える権限者。これが、権限によらないリーダーシップを奨励する組織の権限者に求められるあり方なのだと私は考えるのです。

●「権限」がないからこそ、態度やスキルが重要になる

ただ、ここまで理想的な権限者がいる組織や団体なら別ですが、多くの場合、「権限がない」という状況は、権限がある場合に比べて、人に従ってもらうということが簡単

ではありません。

権限者によるリーダーシップであれば、リーダーに権限があるがゆえに、まわりの人たちは「この人には従わなくてはならない」という心理が働きやすくなります。また、従わないと罰を受ける場合もありますから、なおさら従わざるを得ないという面もあるでしょう。

一方、権限によらないリーダーシップの場合、権限がないので、まわりの人たちには従う義務が発生しません。そのため、「なんで、あなたの言うことをきかなくてはならないの？」と思われてしまう可能性が多々あります。

そうなってしまえば、目標に向かってお互いに影響し合って、結果を出していくということが、そもそも不可能になってしまいます。みんながバラバラの方向を向き、自分勝手な行動をとってしまうようになってしまっては、グループは混乱してしまうばかりで、リーダーシップがまったく機能していない、「何人かの人が単に居合わせているだけの状態」になってしまいます。

そうした事態を生じさせないようにするためにも現在、さまざまな学者などによって研究され、高校や大学などの教育現場、さらには企業の研修等で実施されている権限によらないリーダーシップを学ぶ必要があります。それは、従来のように、一握りの、グループのトップに立つべき人が学ぶ「帝王学」としてのリーダーシップではありません。一人ひとりが、社会で生きる基本スキルとして身につけておくべきリーダーシップです。

私が大学等で行っているのも、まさに、この新しいタイプのリーダーシップ教育です。2005年に東京都立大学（2018年現在、首都大学東京）から立教大学に移籍した際、「ビジネス・リーダーシップ・プログラム」という必修科目を担当してほしいと依頼されました。

ところが、私の専門は金融論で、リーダーシップの研究とはほぼ無縁な状態でした。日本の他の大学にも、多人数の学部学生対象のリーダーシップ教育の専門家は皆無でした。そこで、一からリーダーシップについて勉強をスタート。大学から1年間の準備期間をいただいたので、その間、リーダーシップの研究が盛んなアメリカに何度か足を運び、さまざまな研究者に会うなどして取材を続けました。そこで出会ったのが、この「権限によらないリーダーシップ」でした。

アメリカでは80年代ごろから、企業などを中心に、従来型の一握りの人によるリーダーシップに代わるものとして、この新しいリーダーシップが注目されるようになりました。90年代に入ると、「権限によらないリーダーシップ」を実践できる人材を育てることが急務となり、大学教育の現場でリーダーシップ教育の科目が爆発的に増え、多くの学生が受講するようになりました。

そして、こうした流れはやがて、アメリカからイギリス、そしてヨーロッパへと広がっていきました。日本においては、私がこの権限によらないリーダーシップに2005年に出会った当時、一部の研究者が注目している程度で、多くの人は「なに、それ?」という状態でした。大学教育の現場にリーダーシップ教育への理解は浸透していなかったと言っていいでしょう。

ところが前述したように、ここ10年で状況は一変し、日本の大学や高校、さらには企業において、権限によらないリーダーシップ教育が注目されるようになってきています。

たとえば、2006年にスタートした立教大学に続き、早稲田大学がリーダーシップ教育をカリキュラムに組み込み、徐々にではありますが、全国の国公私立の大学に波及して２０１８年秋現在で十数の大学が取り組んでいます。

こうした流れは高校教育でも広がっており、たとえば、東京都立の高校では２０１６年４月から導入された必修科目「人間と社会」において、権限によらないリーダーシップを取り扱うようになりました。

そのほか、企業においても、こうした権限によらないリーダーシップについての研修を社員教育の一環として取り入れるところが増えています。

●リーダーシップの態度とスキルは誰でも身につけられる

そして、実際に10年以上、大学でリーダーシップ教育に関わって感じるのは、リーダーシップの態度とスキルは、本人に「習得したい」という意識があれば、誰でも身につけることができる、ということです。

従来型のリーダーシップ論では、リーダーシップが発揮できることを生まれつきの才能や能力に資するところが大きいと考える傾向がありました。中には体格や遺伝的特質にその要因を求める考え方もあったくらいです（現代では、さすがにそうした考え方は廃《すた》れましたが)。みなさんの中に、「リーダーシップは生まれつきの才能・能力」といったイメージを持っている人は多いと思います。

しかし、そのようなことはないのです。リーダーシップ教育の授業を受講している学生たちは一つひとつの課題をこなしていく中で、確実にリーダーシップの態度とスキルを身につけていきます。最初のうちはグループワークをしても、消極的でどこか他律的だった学生が、3カ月、半年と経るうちに、どんどん積極的になっていくケースを数えきれないくらい目にしてきました。

学生からも、「問題に直面しても前向きに解決する努力ができるようになった」とか「他人からの否定的な指摘を受け入れられるようになった」といった感想が頻繁に聞かれます。

かくいう私も、リーダーシップ教育に出会い、自分自身が学び、かつ学生に教えていく中で、大きく変化したひとりです。

それまでどちらかというと内向的で、ひとり黙々と勉強するのが好き、というタイプでした。研究者の道を選んだのも、それが理由でした。ところが、リーダーシップの研究を始めてからは、ゼロからのスタートだったこともあり、いろいろな人に会って話を聞く必要がありました。そのため、これまでのように「ひとり黙々と……」というわけにもいかなくなったのです。

その積み重ねの中で、いつの間にか人前でかなり積極的に振る舞えるようになっている自分に気づきました。これには自分自身も驚きでしたが、古くからの友人たちもかなりビックリしたようです（ちなみに『内向性人間の時代』という著書やTED Talkで著名なスーザン・ケインは、内向的であることはリーダーシップをとることに何の障害にもならないばかりか、むしろ向いている面もあると述べていて、おおいに励まされます）。

学生や自分のこうした変化を見るにつけ、人間はいくつになっても変わっていけるし、またリーダーシップのスキルは誰でも習得することができるのだ、ということを実感します。ぜひみなさんも、この本に出会ったことをいい機会として、これからはリーダーシップの態度とスキルを楽しく身につけていってほしいと思います。

第2章
必要な「態度」と「スキル」とは

●スクール・カーストにも影響を与える

リーダーシップの具体的な態度やスキルについて解説する前に、そうした態度やスキルを身につけると、個人や社会にとってどのようなメリットをもたらすのかについて述べていきたいと思います。

まず個人としては、実現したいことや解決したい問題などがあるとき、まわりの人たちを巻き込んでいくことで、それを**達成しやすくなる**ことが挙げられます。手伝ってくれる人が増えればその分、仕事も早く処理することができますから、ひとりで取り組むより**実現のスピードが速くなる**可能性があるわけです。

また、「三人寄れば、文殊の知恵」ということわざがあるように、人が集まればそれだけ、多様なアイデアが出てきやすくなります。その結果、**自分が想定していた以上の結果を得られる**可能性もあるでしょう。

これは個人が実現したいこと、解決したいことだけでなく、グループが掲げている目標の実現や問題の解決においても同じです。

たとえば、部活動やサークル活動などでは、試合などで「勝つ」という目標を掲げることがしばしばあると思いますが、こうした目標達成にも「権限によらないリーダーシップ」を活用していくことができます。

近年、学校教育の現場では、講義形式で教師が一方的に教える学習方法に代わるものとして、生徒同士が互いに協力しながら、主体的、能動的に学習を進めていく「アクティブ・ラーニング」という学習法の導入が盛んになっています。このアクティブ・ラーニングにおいてもリーダーシップの態度やスキルは非常に有用で（56ページ参照）、実際、アクティブ・ラーニングとリーダーシップ教育を併せて行っている先生方も最近は増えています。

その他、リーダーシップの態度とスキルが上がっていけば、「スクールカースト」（学校内での学生・生徒の目には見えない序列）、さらにはいじめなど、教育現場が抱える深刻な問題の解決に道筋をつけていくことも不可能ではないでしょう。

メンバーそれぞれがリーダーシップを身につけ、グループ内でそれを発揮しやすい環境が形成されていれば、スクールカーストのいわゆる「下位」に位置づけられている人であっても、その人の持っている個性や能力、スキルといったものが発揮できる機会が与えられるからです。

たとえば、大学のリーダーシップの授業を見ていても、オタク気質の学生が、グループで中心的な役割を果たすというケースがしばしばあります。

このタイプは、現在の高校までのスクールカーストでは下位になりやすいようで、話を聞いてみると、高校まではそのオタク気質ゆえに、クラスメイトから相手にされなかったり、バカにされたりといったことも多かったという学生が少なくありません。

ところが、オタク気質の人は、得意なジャンルを問わず、高いリサーチ能力を有していることが多々あります。そのため、たとえば課題解決のための準備段階に何らかのリサーチが必要な場合に、自ら引き受けたり、あるいはまわりから頼まれるなどして、その役割を担うと、1週間後にはまわりが驚くほどのデータを集め、しかもきちんと整理して提出する、ということがよくあります。

その結果、メンバーから一目置かれる存在となり、それをきっかけに自分に自信が持てるようになるのでしょう。さまざまなことに積極的に行動するようになっていきます。

また、メンバーそれぞれがリーダーシップを身につけていくと、他者のリーダーシップも受け入れやすくなります。

こうした環境ができていくことで、オタク気質を含めて、これまでだったらあまり日の目を見なかった個性や能力、スキルなどが着目され、それを発揮する機会を得られやすくなるのです。その意味で、**リーダーシップによって、グループ内の序列がなくなり始める**、という効果も期待できるわけです。

また、**多様性を認めるグループ**へと変化していくことで、当然、「いじめ」というものが起こりにくくなると考えられます。

●個人も社会も変えていく

さらに、個人の成長という点でも、リーダーシップの態度とスキルを身につけることは非常に効果的です。このことは第1章でも述べました。

たとえば、消極的でどこか他人任せだった学生が、次第に積極的になり、自分の頭で考え、主体的に行動できるようになっていくのを、何度も見てきました。学生たち自身からよく聞くのも、「これまでだったら、『どうせ実現できないよな』と諦めていたことも、仲間を募ればなんとかなると思えるようになり、いろいろなことに挑戦できるようになった」という感想です。これは、個人がリーダーシップの態度とスキルを身につけることの最大の醍醐味《だいごみ》かもしれません。

その他、これと似ていますが、リーダーシップ教育を通じて、いろいろな人たちと「支援し・支援され」という関係も築きやすくなっていきます。このことは、日常での他者との関係のつくり方にも変化を与えます。

まず学生がよく言うのは、「自分から行動するのが怖くなくなった」「人とどんどんつながっていけるようになった」です。こうしたスキルは大学卒業後もかなり活かされているようで、たとえば、数年働き、次のステップを目指し転職しようと思った際に、人とのつながりで、「あなたなら、あの会社がいいんじゃないの?」という具合に転職先が決まることも多いと聞きます。

さらに、「何事も全部自分ひとりで抱え込まなくなり、必要に応じてためらわずに人に『助けて』『手伝って』と言えるようになった」とか、「人をサポートすることを楽しめるようになった」といった感想もよく聞きます。

これは生きる上でも、社会人として仕事をする上でも非常に重要なスキルです。なぜなら、日々の生活にしろ仕事にしろ、他者と協力し合って目標の実現や問題解決に取り組まなければいけない場面は多いからです。

とりわけ変化の激しい現代社会においては、ますますその傾向が強まってきているのではないでしょうか。そのため、**支援する・支援されることを当たり前のようにできるというのは、今後の人生において一生ものの能力**になっていくといえます。

そして、こうした能力を持つ個人が増えていけば、当然、社会も変わっていくはずです。なぜなら、主体的かつ自律的な人間が集まれば、それだけ多様なアイデアが出てくるだろうし、それらが互いに影響し、補完し、融合していくことで、それはやがて社会にイノベーションを起こすアイデアへと成長していく可能性があるからです。

つまり、**リーダーシップを身につけた個人がお互いに関わり合っていくことで、社会に前向きな変化を起こしていける**のです。

現在の日本は、少子高齢化社会を迎え、経済もしぼみがちで、元気がありません。リーダーシップの態度とスキルを一人ひとりが身につけていくことは、そのような現代の日本社会が抱える閉塞《へいそく》感を打開していくことにもつながっていくと期待できます。

●リーダーシップに不可欠な「三要素」とは?

では、ここからはリーダーシップの態度とスキルについて具体的に見ていきましょう。

これまでに述べてきたように権限によらないリーダーシップとは、あるグループで成果目標を達成するために、そこに参加するメンバーそれぞれが、その役割についての何らかの権限を持たないまま、リーダーシップを発揮していく、というものです。

会社などの組織では、役職などに裏付けされた権限を持つリーダーは存在します。その中にあって、そのポジションの人たちだけがグループを引っ張っていくのではなく、それ以外の人も必要に応じて、成果目標達成のために、そうした役割を担う機会を持つということです。

ただ、その場合、やり方を間違えてしまうと、組織を混乱させてしまうリスクもあります。本来の成果目標から外れて個々人が自分勝手な行動に出てしまうこともあるでしょう。逆に、強力な権限を発揮し得る人が不在となって、その結果、誰も行動しないという状況になり、グループとして停滞気味になってしまうことも起こり得ます。

つまり、参加するメンバーの誰ひとりとして、適切なリーダーシップを発揮できない状況に陥ってしまうリスクがあるのです。

これでは、グループとしていつまでたっても成果目標を達成することができません。権限によらないリーダーシップのメリットが何ひとつ生かされておらず、これなら、従来型の権限によるリーダーシップでグループを動かしていったほうが、そのグループにとってはるかに得るものが多いかもしれません。

そこで、権限によらないリーダーシップがきちんと機能するために、どんな要素や条件などが必要なのかが研究者たちによって探られ示されてきました。その内容は研究者によってさまざまで、現在、権限によらないリーダーシップに必要な要素や条件などには、多種多様なバージョンがあります。ただ、どのバージョンにも実質的に含まれている共通の要素というものがあります。それが次の三つです。

①目標設定・共有
②率先垂範
③相互支援

これはクーゼスとポズナーという二人の研究者が提唱した五つの要素を私が三つに簡略化したものです。

これら三つは、いってみれば、権限によらないリーダーシップが機能するために必要な最小限の行動要素です。この三つの要素がそろっていないと、そのグループにおいて権限によらないリーダーシップは機能し得ません。

そこで具体的にそれぞれの内容を見ていきましょう。まず「目標設定・共有」です。

リーダーシップの定義は、「何らかの成果を生み出すために、他者に影響を与えること」（20ページ）ですから、リーダーシップが機能するには、「これを実現しよう」「この問題を解決しよう」という目標がグループ内に存在する必要があります。さらに、それがメンバー全員に共有されていることが不可欠です。そして、メンバー間でその目標を共有する思いが強ければ強いほど、そのグループ内において各人のリーダーシップは発揮されやすくなります（ただし、目標はその経過において、しばしば見失われたり、変質したりということが起こりがちです。その時どうするかなどについては、このあと考えていきます）。

次の**「率先垂範」**とは、若い皆さんには聞き慣れない言葉かもしれませんが、これは成果目標の達成に向けてまずは行動し（つまり率先）、それによってまわりのメンバーに模範を示す（垂範）、ということです。命令する権限がある人ならば、自分は動かずに、まわりの人に命令して動いてもらうというやり方も可能です。しかし、「権限によらないリーダーシップ」ではその権限がないことが前提なので、まずは自分がやってみせるしかありません。もし自分が目標の提案者だった場合には、なおさらこのとき率先して「私はこの目標を達成するために、本気で動く覚悟がある」ということをまわりに示す必要があります。

そして、三つ目の**「相互支援」**ですが、目標を設定し、メンバー間でも共有し、率先垂範で自分は動き出したものの、他の人がそれに続いてくれないこともあります。そのようなときには、他の人が動ける状況をつくる必要があります。これが相互支援です。さまざまな事情で行動できない人たちに対して、彼らが動きやすくなるように支援してあげるのです（これについても後で説明しましょう）。

これから皆さんがリーダーシップのスキルを身につけていくうえで、この三要素をしっかり理解することは欠かせません。そこで、実際にありそうな例を使って、三要素がどのようなものなのかを見ていき、具体的に説明しましょう。

あなたは子どものときによく遊びに行った綺麗《きれい》な砂浜のことを覚えています。ところが最近その砂浜に行ってみると見るも無残なゴミ浜と化していて、昔のことが嘘《うそ》のようです。何とか昔の綺麗な砂浜を取り戻したいのですが、あなた一人では掃除し切れませんし、専門の業者を呼ぶような資金はありません。

そこであなたは、昔一緒に砂浜で遊んだ仲間や今の友達と週末にその砂浜に訪れます。そして、昔とった記念写真を見せ、この砂浜が昔はこんなに綺麗で毎週のように遊びに来ていたこと、ゴミを何とかして処分し綺麗な砂浜を取り戻したいと話します。これが**目標共有**です。

それを聞いた仲間や友人たちも「綺麗な砂浜でまた遊べるならいいな」と思いますが、それにはどうしたらいいのかがとぼんやりして、行動に移せずにいています。そこであなたは一人立ち上がってゴミを拾い始めます（**率先**）。

何をしているのだろうと皆最初は不思議そうに眺めています。一つひとつ拾っても到底拾いきれないだろう、と。しかし、しばらく経《た》ってもあなたはゴミを拾い続けています。すると仲間の一人がつきあって拾い始めます（**垂範**）。

いつしか一緒に行った仲間全員が拾い始め、ついにはまったく知らない通行人まで参加し始めます。

翌週末にもまた拾い続けていると、近所の人がやって来て、感謝の言葉をかけてくれたり、拾ったゴミを載せるリヤカーを持ってきてくれたり、昼ごはんの炊き出しまでしてくれたりします（**相互支援**）。

これは、三要素がうまく連携できたことで、そこにかかわるメンバー一人ひとりがリーダーシップを発揮できている状態です。同じシチュエーションでも、目標をしっかり決めて共有するということがなされず、率先したはいいものの、周囲に見えるように行動しなかったりすると垂範までになかなか至りません。つまり一人率先で終わってしまうのです。この点は注意が必要です。

●アクティブ・ラーニングを例に、三要素を理解する

次に昨今学校で行われている主体的な学び合い「アクティブ・ラーニング」を例に、三要素をさらに具体的に説明したいと思います。

科目は「数学」にしましょう。最初に行うのは、**「目標設定・共有」**です。ここでは、「授業の最後に行う確認テストで、全員が合格点をとる」というクラスの目標を立てることにします。この目標をクラス全員で共有するのですが、この場合は、授業中のことなので比較的共有がしやすいといえます。

目標の設定・共有がすんだら、さっそくその達成に向けて行動開始です。アクティ

ブ・ラーニングを実現する方法のひとつにもなっている、生徒同士で教え合うという行動は、手っ取り早く目標達成に近づくことができます。こうして、生徒同士で「教える・教えてもらう」ということをやっていきます。ここで**「率先垂範」**です。たとえば、自分がわかっていない場合は、わかっていそうな人のところに積極的に質問をしにいく、自分がわかっている場合は、わかっていなさそうな人に教える、などです。

そして、この授業での目標は「授業の最後に行う確認テストで、全員が合格点をとる」ですから、自分ひとりがわかるだけでは、目標は達成できません。そこで、他の人も「わかる」の状態になれるように支援をしていきます。これが**「相互支援」**です（相互支援は物質的なものも、精神的なものも含まれます）。

たとえば、クラスの中には、なかなか人に質問しに行けない内気な人もいるでしょう。また、目標達成のために、いかにも「頑張っています」という姿を見せるのが恥ずかしいという人もいるかもしれません。そうした人たちも、抵抗なく質問できるように支援するのが、「相互支援」の腕の見せどころです。

その方法をもっと具体的に見て行きましょう。たとえば、自分が他の人に質問に行く際に、「一緒に聞きにいこう」と誘うのもいいでしょう。あるいは、教え上手な人と、なかなか理解が進まず困っている人とをマッチングし、教え・教えられの関係を築きやすくするのを支援するという役目にまわる、というのもあります。いまいちノリの悪い人には、「理解できるといかに楽しいか」をあの手この手で示すのがいいかもしれません。（なお、この例では砂浜の例と違って「率先して相互支援する」ような率先垂範と相互支援が混合している行動もあります）

実は、この一連の流れを通して、アクティブ・ラーニングにおいて重要なポイントとなる「対話的な学び」を実践することができています。これは「グループ学習」なども言い、チームワークを発揮して、課題解決を行う方法です。

ただ、この「対話的な学び」を目標として共有し、実現することは簡単なことではありません。クラスの全員が揃《そろ》って、「チームワーク力を身につけたい」とは思っているわけではないからです。たとえば、アクティブ・ラーニングでは教え合うことが重要な要素だと前述しましたが、クラスの中には、「自分ひとりで考えたほうが、勉強ははかどる」と考えるタイプの人たちは必ず存在します。

その人たちに、ひとりで学ぶのもいいけど、チームで学び合うのも面白いし、得るものも大きいことをどう伝え、巻き込んでいくか。ここでもまた、相互支援が非常に重要な役割を果たしてくれます。

たとえば、ひとりのほうが勉強がはかどると考えるタイプの人に積極的に声がけすることで、教え合いの輪の中に入ってもらうように働きかける。さまざまな質問を駆使して、その人たちの意見をどんどん引き出していく……などなど。こうした相互支援によって彼ら彼女らをチームの活動に巻き込んでいくわけです。

なお、率先垂範をするにしても、相互支援をするにしても、「自分がわかる」の先に「クラス全員がわかる」という共有目標があることを、つねに示していくことがポイントです。たとえば共有目標を大きく黒板に書いて、いつも目に入るようにしておくなどの工夫も有効でしょう。そうでないと、「なんだよ、あいつ。自分だけ目立って、評価を上げようとしているんじゃないの?」「なんであいつに仕切られないといけないの?」といった、反感や反発、不満などが生じかねません。前述した通り、クラス全員がアクティブ・ラーニングにもともと積極的とは限らないからです。そして、そうした反応に遭遇して、自分も意気消沈してしまう可能性があります。目標達成へのモチベーションもどんどん萎えてしまいかねません。

一方、「自分のためではなく、クラス全体のため」というのを明確にクラスメイトに示し続けていければ、こうした反感や反発、不満などが起こるのを抑えていきやすくなります（ゼロになるのは難しいかもしれませんが）。さらに、目標がそこにあることがわかれば賛同してくれる人も出てきやすくなり、クラス内での率先垂範や相互支援がどんどん進んでいくことが期待できます。

なお、ここでは正解が一つである数学という科目について「教え合う」ことを例にしてきましたが、**唯一の正解が無いような時にこそ、チームワークが大切**で、むしろ大学の勉強や社会に出てからの仕事では、そういったケースが多いくらいです。その場合にもチームワークとリーダーシップのあり方の基本は同じです。

●「結果を出す」グループが持っている、ある特徴

いかがでしょう。三要素について、なんとなくでもイメージできるようになりました

か？

高校や大学の授業でリーダーシップのグループワークをしてもらうと、三要素のうち、率先して行動を示す率先垂範がもっとも早くできるようになる人が多いようです。これは、「授業」という設定があることで、すでに「目標設定・共有」ができていることや、行動する際にまわりからの反感等をさほど気にする必要がないこと、とにかく積極的に動いていれば「率先垂範ができている」と感じやすいからといった理由が大きいのでしょう。

ただ、グループにおいてリーダーシップがきちんと機能するには、三要素がすべてそろっていることが必須です。メンバー全員が三要素全てをつねに実践する必要はありません。メンバーそれぞれが三要素のどれかを実践しつつ、全体としてつねにこの三要素が機能している、というのが理想なのです。

そのため、リーダーシップが機能しているグループであり続けるためには、いま自分たちのグループに三要素のうちで何か**不足しているものはないかを観察することが**、まず重要です。目標共有が疎《おろそ》かになっていないか。率先垂範する人が少なくないか。逆に率先垂範ばかりで相互支援が起こりにくくなっていないか……などなど。

そして、「いま、この要素が足りていない」と気づいたら、自分が進んでその要素を実践するか、もしくはまわりの人が実践しやすくなるように働きかけることが求められます。

それには、自分や自分以外のメンバーが、どの要素が得意でどの要素が不得意なのかということを把握している必要があります。それがわかっていれば、つねに適材適所でメンバーがそれぞれの役割を担っていくことができます。とくに短期で結果を出さなければいけないときなどには、こうした適材適所での役割分担は非常に効果があります。

リーダーシップの授業で学生たちのグループワークを見ていても、**成果を出すグループというのは、これら三要素がつねにバランスよく機能するようメンバーそれぞれが気を配っていたりします。**それぞれの得意・不得意を把握し、自分の役割を粛々と果たしていく（率先垂範）と同時に、他のメンバーに対して、その人が得意なことを発揮できるようさまざまに支援する（相互支援）という形が、ワークを重ねるごとにできていくのです。まさにいい形でリーダーシップが機能している状態です。

●その率先垂範はグループのため？　自分のため？

逆に、なかなかいい成果を出せないグループの一つのタイプは、その傾向として、発言するのも行動するのも一部の人に限定され、残りの人は傍観者になっている、あるいはそれぞれが自分の主張ややり方を通すことにこだわり、グループとしてのまとまりに欠けている、といったことが挙げられます。

「船頭多くして、船、山に登る」ということわざがあります。これは、船頭、つまり「指図をする人」が多いためグループが混乱し、本来とは異なるとんでもない方向（ここでは「山」）に進んで行ってしまうことのたとえです。英語にも似たような趣旨のことわざで、"Too many cooks spoil the broth"（料理人が多いと、スープがまずくなる）というのがあります。

こうした混乱が起こってしまう理由を、伊賀泰代《いがやすよ》さんは『採用基準』（ダイヤモンド社）という著書で、この船頭のことわざを用いて見事に説明しています。それによると、この「船頭」たちには本来のリーダーシップが不足しているからこそ、こうした混乱が起こってしまう、というのです。

本来のリーダーシップを持つ船頭であれば、自分が号令を出すことに執着せず、船が本来運航すべき川や海を効率的に渡ることを最優先に考えます。そして、そのために自分ができることを探し、その役割を果たしていきます。

このことを三要素で言い換えるなら、本来のリーダーシップが不足している船頭は、自分の主張をグループの中で通すことを、グループが設定し共有している目標の上位に置いていることになるでしょう。これでは本来の目標設定からずれていくばかりで、どんなに率先垂範をしても、相互支援をしても、うまくいくはずがありません。

一方、本来のリーダーシップを持つ船頭は、その逆で、グループが設定し共有している目標を最優先にします。その実現に向けて、自分の貢献できることを探し、率先垂範をしたり、相互支援をしたりします。こうした人が船頭であれば、「船、山に登る」といった混乱は起こりません。それどころか、こうした本来のリーダーシップを持つ船頭であれば、船頭が多くても、つまりリーダーシップを取れる人がたくさんいても、そのグループは混乱することなく運航できるのです。

結果が出せないグループというのは、厳しい言い方をすれば、結局のところ、一人ひとりにリーダーシップの態度とスキルが不足していることが多いといえます。そのために、一部の人だけが暴走してしまったり、全員がてんでバラバラの方向を見て行動してしまったりということが起こってしまうのです。逆に、一人ひとりにリーダーシップの態度とスキルが身についていれば、そのグループは実現したい目標や解決したい問題に向けて協力しあって動き始めます。

もちろんそれは一朝一夕でできるようにはなりません。だからこそリーダーシップの習得に取り組んでいくことが大切なのです。

なお、本人は率先垂範しているつもりでも伝わっていなかったり、相互支援のつもりがお節介ととられて支援になっていないというようなことも、しばしば起こり得ます。ただこれは、本人はそれらをしているつもりになっていますから、誰かが指摘してあげないとなかなか気づけません。そうした他者からの指摘を、「フィードバック」といいます。「フィードバック」については第3章で詳しく解説します。

●リーダーシップが自然に発生しやすい場合とは？

ただし、参加するメンバー全員が本来のリーダーシップを身につけているか否かに関係なく、状況次第で、リーダーシップが機能しやすかったり、しにくかったりということが現実には起こり得ます。

たとえば、第1章で紹介した「道で倒れている人を、居合わせた人たちで救護する」という状況（31ページ）は非常にリーダーシップが機能しやすいといえます。そのためそれぞれの人にそれほどスキルがなくても、自然にリーダーシップが発揮される状況だといえます。

これは大地震などの災害時でもいえることです。災害直後に被災地で住民が自然発生的に助け合っている姿は、みなさんもさまざまなメディアを通してしばしば目にしているのではないでしょうか。ご自身でも、それを実際に経験したという人もいることでしょう。

また、事故などで電車が止まってしまい、タクシー乗り場に長蛇の列ができているときなどに、誰かの「相乗りしませんか」の言葉がけがきっかけとなってそれぞれが声を掛け合う流れができ、長蛇の列が解消されていくということもときどき起こります。これも、そこに居合わせた人たちの間でリーダーシップが機能している状態で、リーダーシップが発揮しやすいシチュエーションです。

このように、災害などの困った事態が起こり、そこにいる大多数の人たちが「この状況をなんとかしたい」と強く思っている場合、ちょっとした一言をきっかけに、「解決」が共有目標となり、人々の間で率先垂範や相互支援が起こりやすくなります。

その他、部活動や地域のスポーツチーム等で、チーム全体に「勝つ」という思いが強い場合は、リーダーシップの三要素が機能しやすくなります。「勝つ」という目標をメンバーの間で共有することができ、その実現に向けて率先垂範や相互支援などが積極的に起こりやすくなるのです。

たとえば、「強豪」として知られるスポーツチームなどでリーダーシップをテーマにして授業をしてみると、とてもスムーズに課題をこなす姿をよく見ます。

また強豪かどうかに限らず、リーダーシップの三要素が機能しやすいスポーツの筆頭に挙がるのがサッカーのように、状況が常に激しく変化するスポーツです。

サッカーでは、試合中、状況が頻繁に変化し、そのたびに各選手のポジションも変わっていきます。そんな中、監督やキャプテンが細かい指示を出し続けるには限界があります。そのため、選手たちはピッチに立った瞬間から、チームの勝利のために自分がどう動いていくのかを自分で考え、行動して行くことが求められます。これはまさにリーダーシップです。

そうしたサッカーの各選手たちのリーダーシップがわかりやすく示されるのが、試合中の声がけです。

ボールを追って走っているとき、それぞれの選手は自分の後ろで敵がどう動いているのかなかなか見えません。そのため、チームメイトからの「マークがはずれている」とか「ポジションが間違っている」といった掛け声は不可欠です。サッカーの試合を見ていると、こうした声がけが頻繁に行われています。

サッカー関係者に聞くと、このような声がけは、先輩・後輩やポジションなどに関係なく、「気がついた人が行う」のが理想とされています。つまり、選手の中で、そのとき気づいた人が率先垂範しながら相互支援に回る。リーダーシップの三要素が必要とされているわけです。

このことは、昨今、ラグビーや陸上競技のリレーなどでもいえるようで、これらのグループスポーツでは「全員がリーダー」という発想でチームづくりをするところが多くなっていると聞きます。まさに権限によらないリーダーシップの実践です。

災害や事故の現場にしろ、スポーツにしろ、こうした「リーダーシップが機能しやすい状況」に共通するのは、目標がシンプルかつ明確で、メンバー間で共有しやすい、ということです。

目の前に倒れている人がいれば、「助けなければ」と思うのが普通の反応でしょう。災害や困った事態に直面すれば、そこに居合わせた人たちは「解決したい」という思いで一致しやすくなります。スポーツでもとくに強豪チームであれば、勝ちをめざしたい人が集まりやすいことが想像できます。

このように同じ思い（目標）を持つ人たちが集まりやすい状況や環境では、当然、目標の共有もしやすくなります。それゆえに、その実現に向けて、それぞれが互いに働きかけながら、自分の役割を果たしていくということがスムーズに起こりやすいのです。

●リーダーシップが機能しづらい場合とは

他方で、リーダーシップが機能しづらいのはどのような状況でしょうか。その一つがたとえば、新学期を迎え、「クラスの親睦を深める」という目的で懇親会を開く、というケースなどです。この場合、「クラスの親睦を深める」が目標となり、それをクラス全員で共有し、その手段となる「懇親会」などの実現に向けて率先垂範や相互支援をしていきます。

このケースは、メンバーの中に高いリーダーシップのスキルを持った人がいれば別ですが、そうでなければ、リーダーシップが機能するのはかなり難しいことがあります。

その大きな要因は、実現したい目標について、「たしかにその通りだ！」とメンバーが納得し得るだけの明確な理由が乏しく、三要素の一つである「目標」の設定が甘いことが挙げられるでしょう。そのため、メンバー間での共有がしづらいのです。

クラスの中には親睦を深めたい人もいれば、そうでない人もいます。「どちらでもいい」とか、「今すぐでなくてもいい」という人もいるでしょう。また、「親睦を深める」と言っても受けるイメージが個々に異なっている可能性もあります。これでは親睦会の実現に向けてクラスが熱く盛り上がるようには、なかなかなりません。

このように、目標に対する納得度についてメンバー間でばらつきがあると、リーダーシップはかなり機能しづらくなります。その場合、提案者はできるだけ多くのメンバーの納得が得られるように策を講ずる必要があります。

たとえば、有志で集まって、クラスの人たちが思わず参加したくなるイベントを懇親会として企画すれば「面白そう!」と乗って来る人が増えるかもしれませんし、担任の先生がホームルームなどで「懇親会をするのがいいのでは?」といった言葉がけをしてくれれば、賛同してくれる人も増える可能性があります(なお、担任の先生にそのように言ってくれるように頼みにいくのはリーダーシップですが、何もせず担任の先生がどうするかを待つだけでは、リーダーシップを発揮したとは言えません)。

リーダーシップが機能しづらい場合には、このような具合に、まず少人数の有志で行動を開始し、その活動を通して他の人たちに「なんだか面白そう。自分も加わってみようかな」と思わせていく……というのもひとつの手です。

その他、リーダーシップが機能しづらいケースとしては、部活動で、「勝つ」という目標の共有はしやすいものの、その後の率先垂範や相互支援をスムーズに起こしにくい場合があります。とくに、年齢や学年などによる上下関係が厳しいグループなどでは、こうしたことになりがちです（強豪チームでも、そうした傾向が過度な場合、どんなに強く目標共有をしても、リーダーシップは機能しづらくなりがちです）。

ただしこのようなグループでも、リーダーシップを発揮するのが上級生など上の立場にいる人たちであれば、率先垂範や相互支援は起こりやすくなります。一方、下級生など下の立場の人たちから動き出して、チーム全体にリーダーシップを広げていくには、その下級生たちには、相当なリーダーシップのスキルが求められることになります。その意味で上級生が範を示すのは理にかなっているところがある、と言えそうです（そのスキルについては、第3章で述べます）。

●「何らかの成果」が必要なければ、リーダーシップも必要ない

中には、リーダーシップが必要ないグループというのもあります。

第1章で述べたリーダーシップの定義を思い出してください。「何らかの成果を生み出すために、他者に影響を与えること」でした。そうです。「何らかの成果」が必要なければ、そのグループにはリーダーシップは必要ないのです。

たとえば、大学になると、学生同士の親睦を主な目的としているサークルがあります。この場合、とくにリーダーシップはあまり必要ないでしょう。なぜなら、親睦したい人がそのつど集まり、そこで楽しめればいいのであって、サークル全体で「達成したい成果」がとくにあるわけではないからです。飲み会や旅行などを企画する必要はありますが、それは幹事の人たちの仕事であり、希望者だけが参加するのであればそこにリーダーシップのスキルはそれほど必要としません。

従って、自分が属しているグループにおいて、リーダーシップがなかなかうまく機能しない場合、本当にこのグループにはリーダーシップが必要なのかを、いま一度、見直

すことも大切です。つまり、「このメンバーで達成したい成果があるのか」を改めて問い直してみるのです。何らかの成果を出す必要がないのであれば、リーダーシップは必要ありません。

コミュニケーション能力という言葉を聞いたことがあるでしょうか。この能力は、他者と適切に意思疎通をし、円滑な人間関係を築くという点では、リーダーシップと重なる部分がありますが、両者には決定的な違いがあります。それは成果目標が「あるか・ないか」です。

コミュニケーション能力が目指すのは、あくまでも人間関係を円滑にしたり、互いへの信頼関係を築いたりということです。その先に成果目標は設定されていないことが少なくありません（あえていうなら、「この人（たち）との関係をよくする」が成果目標となるでしょう）。一方、リーダーシップは、円滑な人間関係をつくっていく先に、必ず成果目標があります。それを得るために、お互いに意思疎通をし、協力し合うのです。

その意味で、コミュニケーション能力に成果目標を加えたものが、リーダーシップだとも言えるかもしれません。いずれにしろ、前に述べたように、コミュニケーションを目的とするだけならば、そのグループにおいてリーダーシップが機能する必要はないのです。

ですので、「新学期にクラスの親睦を深めるための会を開く」というのも、無理にリーダーシップを機能させなくてもいいケースといえます。ただ、学校の場合、クラス単位で取り組む合唱コンクールや体育祭、文化祭などがあったり、グループで課題解決に向かうアクティブ・ラーニング的な学習が設けられたりします。それら一つひとつをメンバーそれぞれにとって意義ある経験にするためにも、早い段階でクラスの親睦を深めておくことは、やはり非常に重要な成果目標です。

グループによっては、コミュニケーションが主なのか、それとも何らかの成果を得ることが主なのかが、あいまいな場合もあります。たとえば、部活動などでも、とくに強豪というわけではない場合、「楽しめればいい」というメンバーもいれば、「勝ちたい」というメンバーもいるという具合に、「勝ち」に対する思いにメンバー間で差がありま
す。

こうしたグループでは、共通の「成果目標」が持ちづらく、グループがどちらに向かいたいのかがそのときどきで揺れがちです。それゆえに、それぞれの立場から不満も出てきやすく、各メンバーがリーダーシップを発揮するどころではなくなります。

実はこのようなときこそ、リーダーシップの出番です。

もちろんメンバー全員が「このままでいい」というのなら、別にリーダーシップは必要ありませんが、一方で、「うちのチームをなんとかしたい」と誰かが思ったのであれば、先ほどのクラスの親睦会の例のように、そう思った人がリーダーシップのスキルを使うことで、グループを変えていくことも可能なのです。

なお、コミュニケーションの研究者の中にも、かなりリーダーシップ論寄りにコミュニケーション能力を定義して考える人もいます。「関係を悪化させずに、反対意見を言える能力」がコミュニケーション能力だという定義です。この場合「反対意見」は、成果を出すため、が前提です。その点だけを見てもリーダーシップ論寄りの定義と考えられます。

●「主体的に動く」とは、自分勝手な行動をすることではない

次の第3章では、リーダーシップのスキルを身につけていくための具体的な方法を紹介していきます。その前に、みなさんにしっかり心に留めておいてほしいことがあります。

リーダーシップのスキルは、主体的で自律的な人になるためのものです。そのため、それが身についていくことで、「自分の意思を行動で表す」ということがだんだんとスムーズにできるようになっていきます。

しかし、「自分の意思を行動で表す」とは、決して、「自分勝手な行動をする」ということではありません。そのことをしっかりと意識に留めておいてほしいのです。

私が大学でリーダーシップの授業を行うときによく使うのは、「**不満を苦情として伝えるのは消費者。不満を提案に変えて持っていくのが『リーダーシップ』**」という言葉です。

授業に対して不満があるからと、学生同士で文句を言っているだけだったり、「ムカつくから、履修をするのをやめた」と放棄したり、さらにウェブや学生団体の発行誌に

不満を書き連ねたり、というのは単なる不満の多い〝消費者〟です。

一方で、不満を軽減すべく、教員に対して「授業をこう改善してはいかがでしょうか」という提案を持っていき、「必要ならお手伝いします」と申し出るならば、これこそリーダーシップの始まりといえます。

そして誰かと**目標を共有**する。自分が行動することによってまわりの人に対して手本となる（**垂範**）。目標に向けてまわりの人の行動を**支援**する。これができて、初めてリーダーシップと呼べるのです。

不満を苦情として
伝えるのは消費者。
不満を提案に変えて
持っていくのが
リーダーシップ。
消費者対リーダーシップ

こうしたモットーをかかげているせいか、立教大学や早稲田大学のリーダーシップの授業では、授業それ自体について学生から積極的な提案があります。そうした提案によって年々授業は改善されており、いまや学生からの提案はプログラムの進化にとって不可欠な要素になっています。これも、リーダーシップ教育のひとつの成果だと思っています。

第3章

リーダーシップの「スキル」を身につけよう

●旧来のリーダー観とは

第1章でも述べたように、「権限によらないリーダーシップ」には、一般的に多くの人がイメージするリーダーシップとは違い、生まれつきの才能や能力は必要ありません。あくまでも「態度」と「スキル」によって発揮されるものですから、適切な方法で練習をしていけば、誰でも身につけることができます。

となると、具体的に「どのような練習をすればいいのか」が問題になりますよね。さらに、高校や大学などで実施するリーダーシップ教育のプログラムを受講するのではなく、独学で習得できるものなのだろうか、という疑問も湧くかもしれません。

実際、みなさんの多くも、これまでの学校生活でリーダーシップ教育というものを受けた経験はないのではないでしょうか。

事実、これまでの日本の教育現場では、権限によらないリーダーシップの教育が行われてきませんでした。戦前の日本においてエリートを養成するための場であった旧制高校では、当然、リーダーになるための教育が実施されていましたが、それは従来型のものであり、本書で述べるリーダーシップ教育とは異なります。

さらに、戦後は、リーダー教育＝エリート養成という戦前からのイメージが色濃く残っていたこともあり、「平等」を重視する学校教育の現場では、リーダー教育というものがタブー視されがちだったともいえます。

そもそもこれまでの日本では、たとえリーダーシップを学ぶ機会があるにしてもそれはごく一部の人に限られていました。たとえば、社会に出て働き始めても、多くの組織で、幹部候補となるような人材に対しては、どちらかというと旧来型のリーダーシップの研修を実施しますが、そうでなければ、そうした研修を受ける機会はさほどないのが現実だと思います。

●リーダーシップは「ひとり」では学べない

では、冒頭の疑問に戻りましょう。この「権限によらないリーダーシップ」を独学で学んで、果たしてその学びは実践に耐えうるものになっているでしょうか。

答えは、残念ながら「ＮＯ」です。いくら頑張って実践を試みたところで、実は、それをひとりで行っている限り、「目標の設定・共有」「率先垂範」「相互支援」というリーダーシップの基本三要素が不在になりがちです。これでは、リーダーシップを発揮していることにはなりません。

また、リーダーシップの定義は、「何らかの成果を生み出すために、他者に影響を与えること」です。自分ひとりで試しても、それが目標実現に向けて他者に何ら影響を与えていなければ、それはリーダーシップとはいえません。

しかも、単独で試している場合、まわりからの反応や感想、意見、評価等をもらうことがほとんどありません。従って、自分の発言や行動がまわりの人にどのような影響を与えているのかをたしかめることができないのです。これでは、自分がリーダーシップを発揮できているのかどうか、結局わからないままになってしまいます。

つまり、**リーダーシップは、「ひとり」では学べない**、のです。

リーダーシップはその定義から明らかなように、共同作業の中で発揮されるものであり、徹頭徹尾、他者が必要です。他者なくして、その習得も、習得後にそれを活かしていくこともできないのです。これは、リーダーシップを学ぶ上での大前提です。決して忘れないでください。

●リーダーシップの習得は実践あるのみ

では、どう練習していけばいいのでしょうか。

とにかくまずは自分で経験してみることです。つまり、実際の生活の中で、他者とかかわりながら、リーダーシップを発揮できる環境をつくっていき、実践していくことです。そうした活動を通して、だんだんと習得していくのです。

私が大学でのリーダーシップ教育で行っているのも、まさにこの「実践」です。授業では「リーダーシップとは何ぞや?」を教員が一方的に教えるという形式はごく一部。授業の大半は、学生をいくつかのグループに分けて、教員や学生が「目標」を設定し、短期もしくは長期でその達成に向けてグループで協力して取り組むというグループワークをしています。

短期のグループワークとしては、グループのメンバー全員で協力しないと完成しないゲームや、意見を出し合うのではなく、「質問」とその「答え」だけで問題解決を図っていく「質問会議®」(NPO法人日本アクションラーニング協会の登録商標)などを行っています。

比較的長期のものでは、社会連携型PBL（Project-based learning：課題解決型学習）というものを活用しています。これは、企業や自治体の人から解決したい課題などを提供してもらい、学生たちをいくつかのグループに分けてその解決策を何週間かかけて練ってもらう、というものです。たとえば「大学生にわが社のサービスを知ってもらうにはどうしたらよいか」とか「大学生の親の世代にわが社の製品を買ってもらうにはどんなアプローチが必要か」といった課題です。最終的には、各グループは提案についてコンペ形式で競い合い、企業や自治体から高い評価を得たグループは、表彰されたり、何らかのご褒美を受けたりします。

こうしたプログラムが自分の通う学校で実施されているのならば、それに積極的に参加するのが、リーダーシップを身につけるのにもっとも取り組みやすい方法でしょう。ただ、そうした学校はまだ限られています。自分の学校がリーダーシップ教育を行っていなければ、自分たちで取り組んでいくしかありません。

では、いったいどのようにすればよいのでしょうか。それには、あなたの日常生活において、リーダーシップを発揮する場所を見つけたり、あるいはそのような機会を作ったりしていくと良いでしょう。

「そんな場所、あるのか?」と思うかもしれませんね。実はみなさんのまわりには、リーダーシップを発揮できる場所がたくさんあります。とくにあなたが高校生であれば、「あふれている」といってもいいでしょう。

というのも、前述したように高校の場合、クラスや部活動など、ほぼ固定したメンバーによる集団があり、かつその集団の単位で何らかの目標を共有する機会が多いからです。たとえば、部活動であれば、「次の県大会でベスト16に入ることを目指す」など、明確なゴールを設定することができます。クラスであれば、合唱コンクールや文化祭など、学校の行事を活用して、クラスでのさまざまな目標設定をすることもできるでしょう。こうした目標共有のしやすい環境というのは、リーダーシップを練習するのに好適なのです。

また、高校の場合、それぞれのメンバーが毎日のように顔を合わせるので、お互いのことを理解する機会に恵まれています。前章で親睦《しんぼく》は必要と書いたように、顔見知り程度でもおのおののことを知っているのは、お互いの発言や行動についてフィードバックをし合う上でも非常に好都合です。

●部活動やクラスを「練習場」として徹底活用する

とくに、リーダーシップの練習場としてお勧めなのが、部活動です。中でも、定期的に大会やコンクールなどが設定されている競技指向の強い部活動は、リーダーシップを身につけるのに最適です。

まずなんといっても、目標の共有が簡単にできます。また、その実現に向けて行動し、その後は行動を振り返り、次に向けて改善計画を立てて……というリーダーシップ教育のサイクル（詳しくは、後述します）を自然の流れの中で行うことができます。そして、このサイクルを通すと、リーダーシップのスキルの効能を実感しやすくなりますし、そうなると次の目標への意欲へとつながっていきます。

もちろん、クラス内でもどんどんリーダーシップの練習をしていくことができます。

たとえば、前述したように、さまざまな学校行事は、リーダーシップを練習するにはうってつけです。やりやすいのは、部活動などと同様目標共有がしやすい「クラス対抗」の行事などですが、修学旅行などの競技性のないものでも、意識次第では、どんどんリーダーシップを実践していくことができます。

修学旅行であれば「グループ全員が楽しめる旅行」を共有目標にして、その実現に向けてそれぞれが行動し、かつその行動についてフィードバックし合う（後述）。これで十分にリーダーシップを練習することができます。

また、日々の授業も練習場として忘れてはいけません。たとえば、前述したように、アクティブ・ラーニングを意識したようなカリキュラムを組む学校も多いので、そうした授業があるなら、活用しない手はありません。

もちろん、普段の授業でも、リーダーシップの練習はできます。たとえば、授業でわからないところがあったら、思い切って手を挙げて質問してみる。「わかろう」という目的意識の明確化と率先垂範の行動です。これが、他のクラスメイトたちの「私も質問してみよう」という行動を引き出し、その結果、クラス全体の学びを深めていくことにつなげていけたら、そこにはリーダーシップが機能していることになります。ちょっと意識を変えるだけで、普段の授業でも十分にリーダーシップのスキルを磨いていけるのです。

いかがでしょうか。あなたの毎日の生活を見回してみると、いくらでもリーダーシップを練習する場はありそうだと思いませんか。

いま挙げたのは、主に高校生活でのリーダーシップの練習場ですが、大学生や社会人の場合も、日々の生活の中で探してみると、練習場はいくつもあると思います。たとえば、大学生でも、部活動や、競技指向のサークル（試合やコンクールなどがあるサークル）に属している人はいると思います。これらは高校生の部活動同様、大いにリーダーシップが発揮できる場です。

また、アルバイト先も活用しない手はありません。そこには「売上アップ」とか、「安全にイベントを進行させる」など、必ずスタッフ間で共有される目標があります。それを明確に意識することで、単なるお小遣い稼ぎや仲間づくりの場ではなく、リーダーシップを磨く場に変えていくことができます。

そのほか、学校でリーダーシップの授業が実施されているのであれば、積極的に履修するようにしましょう。

一方、社会人であれば、それこそ「職場」がリーダーシップの実践の場となりそうですが、正直なところ、初心者のうちは、「練習場」としてハードルが高いでしょう。

なぜなら、すでに何度か触れましたが、そこには「権限者」が明確に存在しているからです（この点は、前述の「アルバイト先」もほぼ同じです）。

権限によらないリーダーシップの発揮には、権限者の理解が欠かせません。そうした理解が不在な環境では、もし実践者本人に十分なリーダーシップが身についていなければ、実践すればするほど抵抗に遭い、自分自身は疲弊していくばかりです。

そして日本の現状では、こうした職場のほうがまだ多数派です。従って、「職場」という場は、リーダーシップを実践する「本番」であって、「練習場」にはしづらいのです。

では、どこでリーダーシップを磨けばいいのかといえば、おすすめは、プライベートでボランティアに参加したり、何人かの仲間を集めて週末起業をしてみたり、といった方法です。

こうした、ある程度上下関係のゆるいグループにおいて、リーダーシップを実践していくのです。

このように、社会人になると、自分で行動して、リーダーシップを実践できる場を見つけたりつくったりする必要があります。そのため、身近にリーダーシップを発揮できる場がある高校生や大学生よりもハードルが高くなってしまいがちです。

その意味でも、やはりリーダーシップの習得を目指すのは、高校生や大学生のうちがおすすめなのです。

●「練習」の流れを知ろう

ここで、リーダーシップの練習を具体的にどう進めていくのかを見ていきましょう。

まず大きな枠組みとして、次のような流れになります。

(1)「目標」を立てる

・そのグループが達成したい目標（成果目標）、あるいは解決したい問題を設定し、共有する

・その実現に向けて、何をすればいいのかを出し合い（「行動計画」）、「役割分担」を決める

↓

(2)「行動」してみる

↓

(3) 行動したことに対して、「フィードバック」を交換する

↓

(4) フィードバックに基づいて内省し、「改善計画」を立てる

↓

(5) 振り返り (1)〜(4) を繰り返す。

・二周目以降は、グループの状況を見て、当初決めた目標や行動計画、役割分担などに

ついて、そのままでいいのか見直し、必要に応じて修正、変更していく

リーダーシップの練習においては、（1）～（4）を繰り返し行っていくことになります。つまり、目標を立て（二周目以降は見直し&修正）、行動して、フィードバックして、内省し、改善計画を立てる。このサイクルを毎回繰り返していくわけです。その中で、リーダーシップのスキルを身につけていきます。PBL型のリーダーシップの授業ではこれらが最初からプログラムされています。それぞれの詳しい方法は、この章でこれから解説していきます。

ちなみに、私の授業では毎回、（1）の全体で共有する目標以外に、その日の「自分の目標」を決めてもらっています。目標を決めることで、その日、自分は何をすればいいのかを明確にすることができ、行動もしやすくなるからです。

さらに、それを自分の頭の中だけで行うのではなく、グループのメンバーの前で行動目標として宣言してもらっています。

たとえば全体の目標が、ある商品についての「大学生の認知度を上げるにはどうした

ら良いか」という問題の解決だとしたら、「自分は同じカテゴリーに属する商品の調査結果を発表する」とか「大学生が信頼する媒体の調査レポートを見つけてくる」などです。

なぜ、こうしたことをするのかといったら、言葉にし、それをまわりと共有することで、有言実行してもらうためです。メンバーの前で宣言すれば、それが良いプレッシャーになり、行動せざるを得ない状況に自分を追い込むことができます。また、まわりもその人のその日の目標を知ることで、相互支援がしやすくなるというメリットもあります。

この「毎回の目標設定」と「その宣言」は、ぜひみなさんにも実践してもらいたいと思います。「自分はいまいち行動力が足りない」と思っている人にはとくにお勧めです。

●最初は「バディ（相棒）」と二人で始める

どんな場所でリーダーシップを練習できるのか、その練習の流れは理解できたものの、いざ自分が実践するとなると、「自分にできるだろうか……」「実際に、部活動（もしくはクラス）の仲間たちは乗ってきてくれるだろうか」と不安に感じる人は少なくないかもしれません。教員が（1）〜（5）を予《あらかじ》め埋め込んで設計してあるリーダーシップの授業ならばやさしいですが、部活動やバイト先では想定されてはいないことが起きることも多いでしょう。

「出る杭《くい》は打たれる」ということわざがありますが、周囲からの反発や反感、無視といったネガティブな反応を恐れて、目立った行動を取るのを避ける傾向が、いまだに日本人には強いように思います。

そのため、初歩の段階で、部活動やクラスなど、ある程度人数の多いグループで実践してみるのは、ややハードルが高いかもしれません。もちろん、部やクラスの雰囲気、またそのグループの中でのその人のポジションによっては、すぐに実践できることもあります。その場合はためらわずに挑戦してほしいと思いますが、そうでない場合は、まずは少人数でスタートしてみましょう。

お勧めは、あなたと親しい友達の二人でスタートすることです。あなたとペアになってくれる友達のことを、「バディ（相棒：buddy）」といいます。まずはこのバディとの間でリーダーシップの練習をしていくのです。

たとえば、部活動やクラスにおいて、実現すべき目標や解決すべき問題を探すのも、まずこのバディとからです。ひとりで考えるより、二人で意見交換をしたほうが、部やクラスで共有すべき目標も見つけやすくなります。

ある程度、バディとの間で目標が明確になったら、それを提案する段階に入りますが、このときも、もし「まったく相手にされなかったらどうしよう」「生意気と思われるかな……」といった不安やためらいなどがあるのならば、まずバディとの間で目標実現のための小さな一歩を踏み出してみましょう。

たとえば、あなたの属しているクラスが、全体的になんとなく打ち解け合っていないとします。そこで、バディとあなたは、「来月のクラス対抗の合唱コンクールでの入賞」という目標を掲げて、その達成を目指すプロセスの中で、クラスの雰囲気をよくしていきたいと考えました。

ただ、そもそも打ち解け合っていないところで、「入賞を目指しませんか?」といきなり提案しても、クラスの反応はかなり鈍いことが予想されます。「そんなことをして意味があるの?」とか、「興味ないし」とか言われて、ほとんど相手にされないことにもとなりかねません。

そこで、まずはバディと二人で、合唱コンクール入賞を目指して、小さな活動を始めます。たとえば、自分たちと同じパートの人に声をかけて、「パート練習をしましょう」と声をかける。全員は参加してくれないかもしれませんが、とりあえず集まった人たちでパート練習です。

当面の目標は、「集まってくれた人たちが、もっと練習したいと思う雰囲気づくり」としましょう。そのパート練習に参加した人全員が盛り上がっていくことで、他の人たちにも「私たちも参加しようかな」と思える雰囲気をつくっていくのです。

そして、その際にもバディとの間で、先ほど挙げた(1)~(4)の流れをできるだけ実践していきます。とくに、(3)のフィードバックは必須です。

パート練習の際のお互いの発言や行動、態度などについて、「あの発言、どうだった?」「あのとき、Aさんがみんなに『今、音がそろったね』って言ったことで、みんなの歌い方がガラッと変わったよね」など、フィードバックをし合うのです(フィードバックの具体的な方法は、116ページ以降で詳しく解説します)。

このように、最初はバディと自分とがコアとなってリーダーシップを発揮していくのがいいと思います。そして、それを見たまわりの人たちが、「なんだか面白そう」と興味を持ってくれて、さらには参加もしてくれる。そのようにして、リーダーシップの文化がどんどんまわりに伝染させていくのが、理想の流れといえるでしょう。

そして、こちらの提案する「来月のクラス対抗の合唱コンクールでの入賞」という目標がクラスで受け入れてもらえそうな土壌ができてきたと感じたら、思い切ってそれを提案してみます。もちろん、その際はバディに助け船を出してもらいましょう。

この助け船があるのとないのとでは、安心感が違います。自分ひとりであれば、全員からの反発や反対が怖くて、提案するのに相当な勇気が必要でしょう。一方で、ひとりでも味方がいてくれたらそれだけで心強いですから、提案するハードルもだいぶ下がるはずです。そして、提案をした後も、「さっきの私、どうだった?」とバディに必ずフィードバックをもらうようにします。

●実現すべき「目標」を見つける

ここまでの解説で、なんとなくリーダーシップの練習のスタートの仕方について見えてきたかと思います。ここからは、リーダーシップのトレーニングの具体的な方法や、より効果的に実践していくためのコツや注意点などについて解説していきます。

まず、**「目標設定・共有」**です。第2章でも述べたように、リーダーシップが機能しやすいか否かは、そもそもどんな目標を設定するかにかかっているといって過言ではありません。

たとえば、掲げられた目標について、メンバーが「それならば」と納得する理由が乏しければ、目標共有はうまくいきません。そうなると、一部の人だけが頑張り、あとは傍観者状態になってしまいかねません。これでは、自分がいくら積極的に率先垂範をしても相互支援をしても、グループはなかなか動いてくれないでしょう。

自分自身も、まわりの乗りが悪いと、「浮いてしまうかも」とか「空振りしてしまうかも」といった不安が出てきて、率先垂範をするのも、相互支援をするのもためらってしまうことでしょう。乗りが悪いどころか、反発する人たちまで出てきたら、だんだんしんどくなってきて、「もういいや。やめよう」ということになりかねません。

一方、達成すべきこと、あるいは解決すべきことが明確で、かつ各メンバーにとって「そうしたことなら、取り組んだほうがいい」という納得感があるものであれば、その目標は共有しやすいでしょう。そして、目標の共有が十分にされていれば、その後の率先垂範や相互支援も得やすくなります。

ただ、言うは易《やす》く行うは難《かた》しで、トレーニングとはいえそうした目標を見つけるのは簡単なことではありません。どうすれば、明確で、かつメンバーの大多数が納得し得る目標を見つけられるのでしょうか。

そのコツは、そのグループ全体を眺めてみて、「誰かがやらないといけない、やったほうがいい。そして、誰かがやってくれると助かる」と、メンバーの多くがうすうす感じていることが何かを探っていくことです。

たとえば、ある部活動において、全体の士気がなんとなく下がってきており、目標を見失いがちで、来月から始まる公式戦を勝ち抜くのは厳しいと想定される場合、気を引き締めるために、最近目につく遅刻をとりあげたとします。そもそも多くの部員が「遅刻を減らしていかなければいけない」と意識しつつも、誰も言い出せないでいるとしたら、これはチャンスです。「遅刻をゼロにする」をとっかかりの目標として提案すれば、多くの部員から賛同を得やすいはずです。同時に、これをきっかけに再度全体の目標を「公式戦でベスト8まで勝ち抜く」であると確認することが可能になります。

といっても、こうした誰もが気づいているような明確な問題が存在しているケースはそれほど多くないかもしれません。その場合、どうやって見つけるか、です。

たとえば、クラスや部の中には、あれこれと文句ばかりを言っている人はいるものです。日ごろは、「文句ばかりで、うざい人たちだな」と思っているかもしれませんが、リーダーシップを実践するには実はありがたい存在です。彼らの言葉に耳を傾けてみて、「たしかにそれは問題だ」と思うものがあれば、その解決を目標にするという方法もあります。

あるいは、部活動であれば、部長などに「何かお手伝いできることはありませんか?」と尋ねてみるのもいいでしょう。その質問を通じて、いま部活動で課題となっていることが見つかれば、その解決や実現を目標として設定します。

こうした作業をスムーズに進めていくのにも欠かせないのが、バディの存在です。目標を検討する際にも、他者の目が入ることで、その目標が独りよがりになったり、利己的になったりといったことを避けることができます。お互いにフィードバックし合うことで、それぞれがピントのずれた方向に暴走しそうなときも、軌道修正がしやすくなります。また、前述した通り、それを実際にみんなに提案する際にも、バディが助けてくれるとわかっていれば安心して臨めます。バディという存在がいれば、リーダーシップの練習も、このような具合にぐっとハードルが低いものになり得るのです。

●目標共有のコツは、「少人数での小さな成功」の積み重ね

小さなグループのメンバーであれば共有がしやすい目標を設定できても、クラス全体や部全体など人数が多くなってくると、全員で共有するのはやはり簡単ではありません。従って、先述した通り、最初のうちはバディと二人だったり、賛同してくれる数人だったりなど、少人数でスタートするのがいいと思います。

そして、これも先ほどの合唱コンクールの例で述べましたが、そうした少人数で「小

さな成功」を積み重ねていきます。その繰り返しの中で、だんだんと目標を共有してくれる人を増やし、規模を広げていきます。

これが目標共有を確実かつ上手に進めていくコツです。逆に、最初から、大きなグループの中で目標共有を急いでしまうと、なかなかうまくいきません。**「最初は小さく」**を意識するようにしましょう。

また、目標は一度決めてしまっても「変更不可」ではありません。状況や環境などの変化によって、最初に決めた目標の実現が難しくなることもあります。

たとえば、そうした変化には、部活動で「地区大会優勝！」と掲げたものの、途中で敗退してしまったり、それとは逆に、勝ち進んでしまい、地区大会どころか、県大会の優勝も狙えそうになったり、ということもあるでしょう。この場合は、そうした状況に合わせて目標を変えていく必要があります。

グループの規模がだんだんと大きくなっていくのも、変化のひとつです。グループの人数が増えれば、その分、より多くの人に響くような高い目標を設定することが必要になってきます。

たとえば合唱コンクールを例にして考えてみましょう。同じ音域のパートのメンバーで、「ここの部分をうまく歌えるように」から始めますが、次は隣の音域と「ハーモニーが合うように」となり、その次は全体で「調和がとれ、息の合った合唱になるように」となって、最終的にはコンクール上位入賞を目指すための「完成度が高くまた感情にも訴えかけるような合唱になるように」といった具合に、階段を一段一段上がっていくように目標設定をアップグレードする方法です。

目標を少しずつ上げていくのとは反対のエピソードを紹介しましょう。英国の20世紀初頭の冒険家シャクルトンは「南極大陸横断」を目標に探検を始めたところ、船を失うという大事故に遭遇します。危険が増す中で、前進するのは困難と判断し、「全員生還」に急きょ目標を切り替えて勇気ある後退を完遂させたのは有名な話です。

このような具合に、**状況や環境の変化に合わせて目標も見直し、柔軟に変更していく。**そうした姿勢も非常に重要です。

●目標実現のための「行動計画」を全員で立てる

前述したように、目標を、グループの規模の変化に応じて変えていくようなことを、あらかじめ設定しておくのは、良い方法です。いずれにしろ、目標を設定し、それがそのグループである程度共有していると確認できたら、目標の実現に向けて、するべきことを具体化していきます。つまり、**今後の行動計画を立てていく**のです。

そこでまず行うことは、「県大会で優勝する」や「合唱コンクールで入賞する」といった「上位の目標」に対して、それを実現するために達成する必要のある「下位の目標」をメンバーで出し合い、それを一覧にしてみることです。

具体的には、大きな目標を達成するために、今現在、自分たちに不足していることや、より高める必要があることなどを洗い出していきます。合唱コンクールであれば、「各パートで声がそろうようにする」「微妙に音がズレているAさんが、楽譜通り歌えるようにする」といった具合です。

こうして「下位の目標」がいくつか設定できたら、今度はその小さな目標それぞれを達成するための行動計画を立てていきます。

「行動計画」という固い言葉を使いましたが、要は「何をする必要があるか」を洗い出して、それを一覧にした「To Do リスト」をつくっていくわけです。たとえば、先ほどの「合唱コンクール」の例での「各パートで声がそろうようにする」であれば、そのために「すること（To Do）」を出し合っていくのです。

その際、それぞれの「すること」では、必要な時間も異なります。従って、それぞれの所要時間についても、だいたいでいいので明らかにしていくようにします。

●「役割分担」によって、一人ひとりが行動しやすくする

今後、みんなで取り組む「行動計画」が明確になったら、さっそく行動開始です。ただ、これも「目標設定・共有」と同じく、言うは易く行うは難し、です。学生たちのグループワークを見ていても、積極的に発言したり、行動したりする人がいる一方で、これといった発言もせず、ただそこにいるだけの人もいます。全員がバランスよく、率先垂範や相互支援ができるというのはあくまでの理想で、それほどスムーズにいかないのが現実です。

みなさん自身のこれまでの経験を振り返ってみても、こうした光景は何度も見てきたのではないでしょうか。出し物は決まったのに、遅々として進まない文化祭の準備だったり、一部の人だけが盛り上がり、残りの人は「やらされ感」いっぱいで、しらけムードの合唱コンクールの練習や、最初こそ、「勝つぞ！」と全員で意気込んでいたのに、だんだんとそれも弱まり、ダレ気味になっていく部活動など。

こうした状況に陥ってしまうのは、ひとえに各メンバーのリーダーシップが不足しているからといえます。それではいったいどうしたらよいのでしょうか。

そのための、「これだけやればいい」といった魔法があるわけではありませんが、**まず最初に役割分担を決めましょう**。つまり、グループの中で、ある程度、行動計画ができたら、相談してメンバーそれぞれに役割を振っていくのです。

「役割」が与えられると、消極的だったり、他人の目を気にしがちだったりの人でも行動がしやすくなります。グループの中で行動をためらってしまう理由には、「いい子ぶっていると思われたらどうしよう」とか、「でしゃばりと思われたくない」などがあったりします（これも日本人特有の傾向かもしれませんが）。役割を決めることでこうした抵抗感をゆるめ、「これは私の役割だから」と堂々と行動しやすくなるわけです。

また、人間は面白いもので、やることが明確になっていると、俄然《がぜん》やる気になります。みなさんもそうした体験はありませんか？　逆に、やることが曖昧模糊《あいまいもこ》としていると何をしたらいいのかわからず、行動のための最初の一歩がなかなか踏み出せないでしょう。

そのほか、役割を決めることで、積極的なタイプの人が「私が引っ張っていく」とばかりにひとりで暴走してしまうことを、ある程度、食い止められるというメリットもあります。

そもそも役割分担をする作業も、実はリーダーシップを磨いていく機会になります。それは、率先垂範や相互支援を実践するチャンスだからです。

たとえば、「これなら、できるかな」と思うものがあれば、率先して「私、これを担当します」と手を挙げれば、率先垂範です。日本人の傾向として、誰かが突破口を開くと、「だったら私は」と後に続く人が出てきやすくなります（その意味で、まさしく「率先」が「垂範」をもたらしているともいえます）。

また、メンバーの得意なことや好きなことを知った上で、「○○君は、▲■が得意だから、これをやってみたら」と推薦すれば、これは相互支援になるでしょう。

さらに、この役割分担は一度決めればＯＫというわけではありません。**ときどき見直していく必要**があります。実際、動き出してみたところ、当初は予想も想定もしていなかった出来事が起こり、今のままの役割分担ではグループがうまくまわらなくなる、ということはしばしば起こります。

そうした場合、誰かが「役割分担を見直そう」と提案する必要があります。実はここでもリーダーシップを磨いていくことができます。

まず「見直しをしましょう」と提案することは、リーダーシップの率先垂範に当たります。

そして、そもそもの見直しを提案するには、「今の役割分担では、うまくまわっていない」と**気づける力**が必要です。これは、全体の動きを客観的に観察したり、ときには俯《ふ》瞰《かん》したりという態度がなければ、なかなか気づけません。こうした**観察や俯瞰は、リーダーシップを発揮する上で非常に重要なスキル**です。

また、現状で今の役割をうまくこなせていないメンバーに対して、「手伝いましょうか」や、「役割をもっと分割して、ほかのメンバーにも入ってもらう？」と提案をすれば、それは相互支援です。逆に、自分から「手伝ってください」とか「役割を変えてください」とまわりに伝えるのは、「相互支援を求める」ということであり、これもグループにおいてリーダーシップがきちんと機能する上で欠かせません。

さらに、よりよい形に役割分担を修正していくには、自分やその他のメンバーが持つそれぞれの強み・弱みを理解し、改めてその時点での最善の適材適所を検討していくことが必要です。これは、自己理解、他者理解をさらに深める機会になります。

なお、目標にしろ、行動計画にしろ、役割分担にしろ、先ほどから何度も述べているように、決して「不変」ではありません。状況や環境の変化に応じて、どんどん変えていく必要があります。そのためには「見直し」が必要です。なぜならリーダーシップは流動的なもので、誰でも発揮できるし、発揮のしかたも一つではないからです。

ところが、「見直しが必要」と頭ではわかっていても、その時間を事前にしっかり確保しておかないと、「プロジェクト」がどんどん進んでいく中で忘れられがちになります。

そうならないためには、「プロジェクト」がスタートする時点で、「毎日」なり、「週に1回」なり、その「プロジェクト」の規模に合わせて見直しのタイミングを決めておくと良いと思います。

●支援するだけでなく、堂々と支援もされる

役割分担が決まったら、基本的にはそれぞれが自分の仕事を着々とこなしていくことになりますが、そのとき、「自分の仕事だけやっていればいい」という姿勢ではリーダーシップの練習としてはNGです。

自分の役割をこなしつつ、率先垂範や相互支援などを行っていき、お互いに協力し合って事を進めていくことは必須です。なにせ、この本で何度も述べているように、リーダーシップの定義は、「何らかの成果を生み出すために、他者に影響を与えること」です。他者に影響を与えない行動や発言は、リーダーシップとはいえないのです。

従って、大学でのリーダーシップの授業では「**積極的にまわりの人を支援し、かつ自分も素直に支援を受けよう**」と繰り返し言っています。

ところが、学生たちのグループワークを見ていると、「支援すること」については、だんだんとできるようになっていくのですが、一方で「支援を受ける」については、スッと受け入れる学生と、なかなか受け入れられない学生とに二分される傾向があります。

なぜ、受け入れられないのかの理由は、さまざまです。人から助けてもらうことを申し訳ないと思い、遠慮してしまう人もいれば、「人から助けてもらうのは負けだ」と思い込み、頑《かたく》なに拒否する人もいます。いずれにしても、「人に頼らず、自分で処理しなければ」という思いが強すぎて、人からの支援を「大丈夫です」と拒んだり、自分が困っているときに「助けてください」と支援を求められなかったりするようなのです。

みなさんはどうでしょう。支援されることに抵抗のないタイプですか？　それとも、支援されるのが苦手なタイプですか。

日本の学校教育では、昔から「世間に迷惑をかけず、自立の精神で、できるだけ自分で何とかしなさい」と教え込む傾向がありました。その結果、そうした「自立」ができてこそ「一人前」だということが日本人の心にしっかり根付いているのでしょう。「人に助けを求めるのはよくないこと」と思っている人がかなりいるように思います。大きな災害等が起こったときにも、「申し訳ないから」と周囲の人からのサポートを遠慮する人も少なくないといいます。

しかし、そのように問題を抱え込んでしまっては、自分がしんどくなる一方です。それで心も体も壊してしまっては、元も子もありません。また、メンバーが疲弊してしまうとグループ全体としてもまとまりがつきにくくなってしまいます。実際に、こうした日本教育の弊害か、社会人になって仕事をするようになったとき、「人に頼ってはいけない」とひとりで仕事を抱え込んでしまう人が少なくありません。企業の人などに聞くと、いわゆる「優秀」と呼ばれる人ほど、その傾向が強いのだそうです。ひとりで抱え込めば、それだけ長時間労働をせざるを得なくなります。さらに、これは本人だけの問題ではなく、会社全体ひいては社会全体の生産性を低下させることにもつながります。

こうした「ひとりで抱え込むこと」の弊害は、リーダーシップ教育にもいえます。人からの支援を拒んでしまえば、その分、そのグループの目標達成を遅らせてしまいかねません。まわりの人から助けてもらえばすぐに終わるのに、断ってしまったがために、遅々として終わらない。どうやればいいのか自分ではわからず困っているのに、人に助けを求められず、なかなか解決できない。こうした状況は、自分にとってもつらいと思いますが、グループにとってもマイナスといえるのです。

従って、支援するだけでなく、支援を受けることも受け入れていく。これは、リーダーシップの練習の中でもかなり重要です。「ちょっと抵抗感がある」という人も、とりあえず受け入れてみることです。

そして、結局のところ、これも慣れの問題です。一度、支援を受け入れれば、最初の関門は突破で、支援を受けることへの抵抗感がだいぶ薄まるようです。そうなれば、その後は意外に簡単で、支援を繰り返し受けているうちに、受け入れるのが当たり前になってきます。

さらに言うなら、実は、「支援し慣れている・支援され慣れている」ということは、実際に社会に出たときに、組織で行動する上でとても強力なスキルになるのです（もちろん、支援すること、されることの両方できることが前提です）。

●フィードバックは何のためにするのか

ここからはフィードバックについて述べていきます。フィードバックとは、この本ですでに何度か触れた通り、ある人が行った発言や行動に対して、「ここがよかった」「あそこは、こうするともっとよかったのでは」など、まわりがどう感じたのか、どう見たのかなどを伝えていくことです。それによってリーダーシップ三要素それぞれが他者から見ても発揮できている状況にもっていきます。

リーダーシップのスキルを身につけ、磨いていく上で、このフィードバックは欠かせません。**フィードバックなくして、リーダーシップのスキルの向上はないといっても過言ではありません。**それくらい重要なのです。

というのも、リーダーシップは他者あってのものなので、「他者にどう受け取られるか」が重要だからです。たとえば、Aさんが、「みんなにとって練習がしやすくなるように」という思いで発した言葉を、まわりにいるBさんやCさん、Dさんが「なんか偉そうでムカつく」「細かいことを言ってくる人だな」などと受け取れば、その発言は、みんなの仕事をしやすくするどころか、逆に相手のやる気を削《そ》いでしまうことになります。つまり、Aさんの発言や行動がどういう影響を及ぼすかは、まわりのBさんやCさん、Dさんの受け取り方次第、というわけです。

そのとき、フィードバックを通じて相手がどう受け取ったのかが理解できれば、自分の意図とまわりの受け取り方とのズレに気づくことができます。そして、そのフィードバックをヒントに、行動や発言をどう修正していけば、より相手に自分の意図をきちんと伝えられるかを考えることもできます。

だからこそ、リーダーシップを身につける上で、このフィードバックのやり取りは重要なのです。何らかの行動をしたら、必ずこのフィードバックを行うのです。たとえば、私たちの授業では、グループワークをした後、場合によっては途中でも、必ずこのフィードバックの時間を設けています。

みなさんが日々の生活で実践していく場合には、たとえばクラスや部活動であれば、その日の練習や活動などが終わったときに、「ミーティング」という形で実施してもいいでしょう。また、とりわけバディとの間であれば、何かお互いにアクションを起こした後に「いまのどうだった?」と尋ねるのが良いと思います。

●日本人がフィードバックを苦手とする理由とは？

ただ、日本人の多くは、こうしたフィードバックを交換し合うというのが苦手かもしれません。みなさんはどうですか？ 「相手にフィードバックをしてあげましょう」「相手からフィードバックをもらいましょう」と言われたら、「面白そう！」とすぐに始められそうですか？

たぶん、身構えてしまったり、「正直なところ、やりたくないな」と思う人が多いのではないでしょうか。実際、これまでリーダーシップの授業を何千人という学生たちに行ってきましたが、多くの学生が最初のうちはそうした反応を示します。

たとえば、学生たちがフィードバックに慣れていない段階では、相手の「よかった点」を伝えるというポジティブなフィードバックを行ってもらうのですが、それでもなかなか盛り上がらないことが多々あります。数名がポツリポツリと発言する程度です。相手から「あの発言はどうでしたか？」と尋ねられても、「よかったと思います」と答えるのがせいぜいで、具体的にどこがよかったというところまでは答えられない、ということが起こりがちです。そもそも、自分からフィードバックを求める学生自体が非常に稀《まれ》です。

このように、フィードバックの交換がなかなか進まない原因の一つは、日本の教育（家庭教育であれば、しつけ）の影響があるのではないかと思っています。日本では家庭でも学校でも、「何か間違いが起こったときに、人のせいにするな。まずは自分に原因があるのではないかと疑え」と教える傾向があります。

こうした「人のせいにするな」という考え方は人間の成長を促す上で非常に有用な面がありますが、一方で、原因を客観的に見て、分析するという力を養う機会を減らしかねないというデメリットもあります。「自分にもたしかに責任はある。ただ、それは全体のうち『この部分』であり、『すべて』ではない」という具合に、客観的な視点で原因を明らかにしていく力を育《はぐく》むことが大切なのです。

学生たちの何割かにもこうした教育が染み込んでいて、「自分も悪いかもしれないのに、人にあれこれ言うことはできない」といった思い込みがあって、フィードバックをすることをためらってしまいがちなのです。

しかし、「フィードバックは苦手」と避けていれば、いつまでたってもリーダーシップのスキルは向上しません。そして、そもそもフィードバックを他者にすることも受けとることも、みなさんが思っているほど、恐れるべきものではありません。

それどころか、自分という人間が持っている「価値」に気づかせてもらえる経験にもなります。第2章のオタク気質な人が活躍の場を得たエピソードにもあるように、自分の行動や発言がそのグループにおいてどのような影響を与えたのかを他者からフィードバックしてもらえることで、自分への理解をさらに深め、自己肯定感や自尊心を高める良い機会にもなるのです。

●自分が気づかなかった「得意なこと」を発見できる「ジョハリの窓」

というマトリックスがあります（図1）。これはアメリカの心理学者、ジョゼフ・ルフトとハリー・インガム（つまりジョーとハリーでジョハリです）によって開発されたツールで、自分が知る「自分」と他人から見た「自分」とのズレに気づき、それをちぢめていくことで互いをよりよく知るというものです。

このマトリックスは、自分自身について、「自分にも他人にも見えている部分（既知の自分）」「自分には見えているが、他人には見えていない部分（秘密の自分）」、「自分には見えていないが、他人には見えている部分（盲点の自分）」、「自分にも他人にも見えていない部分（未知の自分）」の四つの窓から成っています。

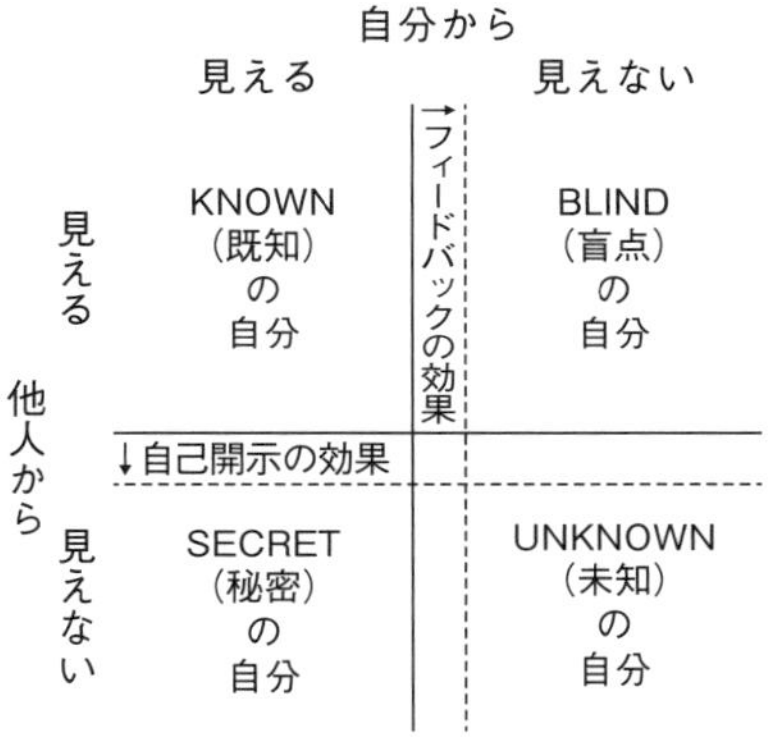

図1　「ジョハリの窓」：フィードバックの効果によって縦軸が右へ、自己開示の効果によって横軸が下へ移動します

フィードバックでは、自分の行動や発言について他人からさまざまに意見をもらうことで、「自分には見えていないが、他人には見えている部分（盲点の自分）」を狭くし、代わって、「自分にも他人にも見えている部分（既知の自分）」を広くしていくことができます。その結果、いままで自分では気づかずにいた強みや、得意なことに気づけます。

実際、学生の中にもそうした経験をして

いる人は少なくありません。たとえば、ある女子学生は1年生のときにリーダーシップの授業を受け始めた当初は、どちらかというと傍観者タイプで、グループワークでも受け身な姿勢になりがちな印象でした。その彼女が、3年生になったときにSA（Student Assistant：授業を補佐する学生のこと）となって、積極的に学生たちをサポートしているのを見たときには驚きました。

聞けば、1年のときのリーダーシップの授業で、「相互支援が上手だね」というフィードバックをもらったことが、自分が変化したきっかけだったといいます。それにより自分の得意なことに気づかされ、自分に自信が持てるようになったのだそうです。

いかがでしょう。フィードバックにはそういった効用もあります。自分の短所に気づかされる、という面もありますが、自分の粗《あら》探しだけがされるわけではありません。

リーダーシップの練習を続けていくと、ジョハリの窓の「自分には見えているけれど、他人には見えていない部分（秘密の自分）」も狭くなっていきます。それは、さまざまな行動や発言、さらにはフィードバックなどを通して、まわりに対して自分を開示していくからです。それにより、自分に対するまわりの理解も進んでいくわけです。

そして、その結果、「自分には見えていないけれど、他人には見えている部分（盲点の自分）」が狭くなっていくのと相まって、「自分にも他人にも見えている部分（既知の自分）」がどんどん広がっていきます。

このことは、実はグループにとって大きなメリットです。なぜなら、それぞれの「得意なこと」と「苦手な部分」が把握しやすくなるからです。そのため、役割分担において、適材適所での配置ができるようになり、目標達成により速く近づけるようになるのです。

●ポジティブなフィードバックから始めよう

ただ、そうはいっても、お互いにフィードバックをし合うことに慣れていない段階では、やはりフィードバックをするのにも、されるのにも抵抗感を覚える人は少なくありません。

従って、まったくの初心者の段階では、親しい友人やバディと1対1でフィードバックの練習をしていくのがお勧めです。もし、すでにこの本をお互いに読み、リーダーシップの習得を一緒にスタートしているバディがいるのであれば、当然、そのバディと行っていくのがいいでしょう。

このとき、フィードバックの交換を三日坊主《みっかぼうず》で終わらせないコツは、「フィードバックをし合おう」と約束するだけではなく、折にふれてまず自分から、相手の行動や発言に対してフィードバックすること。その上で、「さっきの私の提案の仕方、どうだった？」など、気軽な感じで相手に質問していきましょう。

「この人はきっとフィードバックをしてくれる」と受け身の姿勢では、多くの場合、長続きしません。**「フィードバックはまず自分からもらいにいく」が鉄則**です。

そして、1対1でのフィードバックに慣れてきて、抵抗感がなくなってきたら、徐々にフィードバックを交換する相手の人数を増やしていきましょう。

そして、バディなど親しい人との1対1であろうと、多少人数が増えようと、肝心なのは、**最初のうちは必ず「ポジティブなフィードバック」だけを行う**、ということです。つまり、「ここがよかった」といい面を伝えたり、相手をほめたりするなどしていくのです。

逆に、「ここがよくなかった」などと相手を批判したり、「そんなんだから、ダメなんだよ」と責めたりするのは、厳禁です。

実際、私の授業でも、「最初のうちはポジティブなフィードバックだけ」を徹底しています。なぜなら、フィードバックを受けるのに慣れていない段階であまりにきびしく言われてしまえば、その人にとってフィードバックは「恐怖」となって、「二度とやりたくない」となってしまいかねないからです。

実際、みなさんも、初めてのフィードバック体験で、「ここがよくなかった」「この部分は直したほうがいい」など、いろいろダメ出しをされたら、どんな気持ちになりますか？　ちょっとイメージしてみてください。かなり心が萎えるという人も多いのではないでしょうか。

ここでみなさんにしっかり意識してもらいたいのが、**フィードバックはあなたや相手に対する「評価」でも「攻撃」でもない**、ということです。つまり、「あなたはリーダーに向いている」、あるいは「リーダーには向いていない」と評価するものでもないし、「君のここがよくないから、うちのチームがうまくまわっていかないんだよ」と攻撃するものでもないのです。

フィードバックとは、先ほども述べましたが、**自分、そして相手の長所や短所、得意な部分や苦手な部分などに気づかせるためのもの**であり、それぞれがそうした長所をもっと伸ばし、短所をできるだけ直していくためのものなのです。このことは決して忘れないでください。

なお、短所については、直ることも直らないこともありますが、そのような短所があることを本人も周囲も知っている方がチームとしての力は上がります。

そして、こうしたポジティブなフィードバックの交換であれば、お互いに気楽に取り組めるはずです。その繰り返しの中で、徐々にネガティブなものを含めてフィードバックをしやすい関係へと成長していけるはずです。

●発するときには、「S・B・I」の三つを盛り込む

具体的なフィードバックのやり方を見ていきましょう。フィードバックをお互いの成長につなげるためには、「発し方」と「受け入れ方」それぞれである程度のスキルが必

要です。そこで、まず「発し方」から見ていくことにしましょう。

相手に対してフィードバックをするときに意識してほしいのは、「S・B・I」の三つがすべてそろっていることです。「S」は「Situation（状況）」、「B」は「Behavior（行動）」、「I」は「Impact（影響）」の頭文字をとったものです。

つまり、**適切なフィードバックとは、たとえば「あなた（フィードバックの相手）が、あのときに（状況）、こういう質問をしたことで（行動）、議論がこういう方向に変わった（影響）」というふうに三つの要素が盛り込まれていることが肝心**だ、ということです。

たとえば、「状況（S）」がなければ、「このときの」と特定化できないので、その人の性格分類になってしまう可能性があります。そうなるとフィードバックの目的からそれてしまいます。

また、リーダーシップとは行動や発言として表現されるものですから、どの「行動（B）」かを伝えることは必須です。さらに、リーダーシップとは、「他者に影響を与えること」ですから、「影響（I）」について言及しなければ、その人のリーダーシップについてフィードバックしたことにはなりません。

つまり、「S」も、「B」も「I」もそろっていなければ、適切なフィードバックには成り得ないのです。

そのため、図2にあるような「**フィードバックシート**」を使って、グループワーク中、他のメンバーの発言や行動について「S」「B」「I」それぞれメモすると効果的です。

頭に記憶しておくだけでは、やはり伝え漏れが出てしまう可能性があるのでフィードバックの発し方を訓練していく際には、こうしたフィードバックシートを活用することをお勧めします（普段から、仲間の発言や行動の「S・B・I」を記録するのも、いいかもしれません）。

また、フィードバックをメモするには、議論にしっかり参加しながら、その一方で他のメンバーの発言や行動を観察する必要があります。その結果、グループでの議論の流れがつかみやすくなるメリットもあります。そして、たとえば議論がズレた方向に行きそうになったときには、軌道修正もしやすくなり、そのようなところにも、このフィードバックシートが一役買ってくれています。

といっても、最初のうちは、議論に参加しながら、このシートもメモし……というの

SBIフィードバックシート

氏名：日向野

相手の名前：松岡さん

S	意見が対立して話がしづらくなった時	相互支援の方法をこれからも皆に教えてほしい
B	山川さんの意見に補強して提案をしたところ	
I	前に出た意見を見直すきっかけになった	

ネガティブフィードバック（改善機会）		相手への提案
S		
B		
I		

相手のために自分が手伝えること

図2：フィードバックシート

は簡単ではありません。学生たちも最初は四苦八苦しています。ただ、この作業も結局は「慣れ」で、グループワークで毎回繰り返しているうちに、ほとんどの学生がさほど苦労せずにメモできるようになっていきます。

●改善のためのフィードバックの必要性

さて、最初のうちは、「ほめる」などのポジティブなフィードバックを繰り返すのが鉄則ですが、ただこれだけだと、ほめてもらわなければ動けないという傾向を助長する可能性があります。また前述のとおり、短所を把握していることは、本人にとってもチームとしてもメリットがあります。

そこで、お互いにフィードバックの交換に慣れ、さらに相手に対する信頼感がある程度高まった時点で、単に「良いところ」を伝えるだけでなく、「ここをこうするともっと良くなる」といった改善策を提案する、ということも行っていきます。

リーダーシップとは、この本で繰り返し伝えていますが、何らかの成果を生み出すためのものです。そして、「何らかの成果」を生み出すには、つねに改善が必要です。

どんなグループであっても、何かを成し遂げようとするとき、まったく問題なくスムーズにいくことはほとんどありません。必ず何らかの問題が生じてきます。このとき、問題の原因になった（と考えられる）メンバーに対して、「あなたがこういうことをしたから（または、しなかったから）、こうなってしまったんだ！」と責めるだけでは、グループにとって全く建設的ではありません。その人がどう行動を改善していけばいいのかを検討し、その人に伝えて支援したほうが、目標により早く近づけます。

そのための手段がフィードバックです。「こう改善すると良いのでは」という**前向きなフィードバック**を相手に伝えていく。これは、何か問題が起こったときに限りません。通常の発言や行動についても、それぞれのメンバーがもっとグループの目標実現に貢献していけるように、「こうすると、もっとよくなります」と伝え合っていく。

そうした建設的なフィードバックが積極的に行われているグループというのは、いい成果も出しやすくなります。

ポジティブなフィードバックは「励ます」ことが目的であり、改善のためのフィードバックは「良くなってもらう」ことが目的です。フィードバックをする、もしくはされるときは、つねにこの言葉を意識してください。

●質問を駆使して、相手が受け取りやすくする

ただし、前述したようにいくら改善のための建設的なフィードバックだとしても、その伝え方には注意が必要です。相手が「自分は責められている」とネガティブに受け取ってしまうと、その人自身、頭では「そうしたほうがいいのかもしれない」と思っても、どこかで拒絶する気持ちが働いてしまい、結果的に改善につながらないケースは少なくありません（その意味で、受け取り方についても、スキルが必要になります。これについては後述します）。

では、どう伝えればいいのか。

おすすめは、**「質問をする」**ことです。「ここを改善すると、もっとよくなると感じた点があるのですが、お伝えしてもいいですか？」と、質問によって関係性をまず確認するのです。そして、相手から「お願いします」と言われたら伝える。一方、「いまはちょっと」という反応であれば、とりあえず引っ込める、という感じです。

「引っ込めたら相手の改善につながらないのでは？」と思うかもしれませんが、本人に改善したいという思いが多少でもあれば、「どのあたりだろう」と気になって、結局、尋ねてくるものです。あなたもそうではないですか？　逆に言うと、尋ねてこないうちは、こちらが何を言っても無駄です。なぜなら、その人の中でそれを受け入れる準備がまだできていないからです。従って、こちらが改善点を伝えたところで、相手は聞く耳を持ってはくれないのです。

また、相手に改善点を伝える場合には、「まずは自分がフィードバックをもらう」というのも、相手が受け取りやすくなるコツでしょう。相手も伝えて、自分も伝えて「おたがい様」という関係にしておくのです。

ちなみに、フィードバックをもらうコツですが、これも質問を活用することです。ただし、「フィードバックをください」では漠然としていて、相手も何をいったらいいのか迷ってしまいます。そこで、これも、基本的には、「S・B・I」を使っていきましょう。とくに意識したいのが、「S」と「B」です。「さっきの私の○□はどうだった？」「さっきは△◇でよかったかな？」など。改善策まで言ってもらいたいときは、

「さっきの□▽ですが、次回はどうすれば、もっとよくなると思いますか?」と具体的に質問してみると、相手も応えやすくなるはずです。

これは部活動の先輩や権限のある人、目上の人などに聞く時も有効です。この理由もあとで説明します（P150）。

また、もらったフィードバックについては、きちんと受け止めることが重要です。そして、実際に相手からもらったフィードバックを活かして自分の行動などを改善し、その結果、何らかの効果を得られたときには、その経緯をフィードバックしてくれた人に必ず伝えましょう。

そうした報告をしてもらえるのはうれしいものです。自分の提案に対してきちんと耳を傾けてくれる人には、その後も提案がしやすくなります。これもフィードバックをもらうコツといえるでしょう。

●落ち込んだときは、「前向きな言い直し」を行う

前述したように、フィードバックをする際に内容がネガティブであっても、攻撃する

姿勢は厳禁です。それでも学生の中には、「そうだからダメなんだ」など、ついつい相手を酷評してしまうという人がたまにいます。こうなると、言われたほうは、案の定、シュンとなってしまいます。さらにそれに引きずられるように、そのグループの雰囲気も悪くなりがちです。

ただしこのようなとき、私は落ち込んでいる学生を下手に慰めたりはしません。なぜなら「火のないところに、煙は立たない」からです。つまり、誇張はされているかもしれませんが、酷評する相手がそう感じたということは事実であり、少しはそういう部分もある、ということです。

このことは、リーダーシップの定義にもかかわってきます。繰り返し述べているように、リーダーシップの一面は「他者に影響を与えること」です。他人にそう感じさせ、酷評したい気持ちにさせたということは、その人はリーダーシップをうまく発揮できていない、ということの証拠だともいえます。

それなら、どうすればいいのか。重要なのは、「相手にはそう見えた」ということを事実として認めた上で、**相手のその言葉を自分自身で「前向き・建設的に言い直す」**という作業です。つまり、その言葉を自分が改善していくためにうまく使っていくにはどうすればいいのかを自分でじっくりと考えていくのです。

たとえば、「お前の話、長すぎ。ダラダラとりとめなく話すんじゃなくて、まず結論から言えよ」と言われて、傷ついたとします。このとき、相手があなたの話を「長すぎ」と感じ、不快に思ったのは事実です。では、相手にそう感じさせないようにするには、どうすればいいのか。

このケースでは、実は相手が改善の方向を示してくれています。そうです。「結論から言え」ばいいのです。では、「結論から言える」ようになるには、自分の話し方をどう改善していけばいいのか……このように、相手の言葉をヒントに、自分が改善できる部分を探り、それをどう行動に落とし込んでいけばいいのかを考える、という作業を行っていくわけです。

この方法は、酷評されたときだけでなく、相手からの前向きのフィードバックで改善点を示され、落ち込んだときにも活用できます。いくら前向きのフィードバックとはいえ、自分の行動や発言について、「こうしたほうがいいのでは？」と指摘されるのは、正直、心地よいものではありません。

実際、私自身もそうです。そうした言葉をもらったときは、一瞬、カチンときたりします。「相手からそう見えたのは事実」と頭ではわかっていても、なかなか気持ちのほうではそれをすんなり受け入れられなかったりします。

ただ、それで「あんたに言われたくない」と無視してしまえば、なんら自分の改善に活かせません。学生たちの中にも、改善のためのフィードバックをされ、「たしかにそうかもしれない」と受け入れ、改善に取り組もうとする人たちがいる一方で、「この人は、私の真価を何もわかっていない」と、まったく自分を変えていこうとしない人たちもいます。その場合、当然のことながら、リーダーシップを着々と身につけていくのは、前者の人たちです。

人が何かを学び成長していくというとき、そのもっともよい「教師」は「失敗」です。教員の立場にいる私がこう言わねばならないのは悔しい面もあるのですが、教員ができることには限界があります。学生たちを本当に成長させるのは、自分の失敗を通して、そこから何かを学ぼうとするときです。

失敗から得ることは多いのです。フィードバックであれこれ改善点を指摘されると、いくら前向きに言ってくれても「ダメ出し」されているような気分になるかもしれません。しかしこの「ダメ出し」こそが学びの機会なのです。フィードバックでの「ここを直すともっといい」といったさまざまな指摘には、あなたが学ぶためのたくさんのヒントがつまっています。だから、フィードバックでの指摘を恐れる必要はないし、あれこれ指摘される自分を責めることもないのです。それらをどう使って自分を改善していくかを考えればいいだけなのです。

そして、こうした考え方の転換ができるようになると、将来、社会に出てさまざまな壁にぶつかったときにも、大いに役立つはずです。

●改善したほうがいいことは、「改善計画」に落とし込む

さて、先ほどから、もらったフィードバックをヒントに「改善すべきこと」を自分の中に取り入れていく、と述べてきました。これは、具体的には93ページで示した、リーダーシップの練習での「(4) フィードバックに基づいて内省し、『改善計画』を立て

る」に当たります。ほめられるなどのポジティブなフィードバック、建設的なフィードバック、さらにネガティブなフィードバックすべてをひっくるめて、自分で振り返ってみるのです。

ほめられた部分は、これからももっともっと活かし、伸ばしていく部分になるでしょう。建設的なフィードバックやネガティブなフィードバックで示された改善点は、あなたがもっと成長していくために取り組む部分です。そして、どうやって取り組んでいくか検討してみます。

この作業は文字に書き起こしながらすると頭を整理することができます。

そして、最終的には、「次回はこう行動する」など、具体的な改善計画に落とし込みます。前述しましたが、私の授業ではこれを学生それぞれに発表してもらっています。宣言するといってもいいかもしれません。

宣言することで、それは「実行しなければ」という良いプレッシャーになります。また、メンバーに認知してもらうことで、まわりからの相互支援も得られやすくなり、スムーズに行動を促すことができるというメリットもあります。ぜひみなさんも、練習においては改善計画はバディなどに聞いてもらうことを習慣にしてみてください。

●フィードバックの練習は、俯瞰力を高める

ここまでいろいろ、フィードバックを発したり、受け取ったりするための方法やコツを述べてきましたが、結局のところ、その上達のカギを握るのは、良い意味での「慣れ」なのだと思います。繰り返し経験していくことで、フィードバックを発するのも、受け取るのもどんどん上手になっていきます。

そして、メンバーそれぞれのフィードバックのレベルが上がっていくと、面白いほどそのグループの動きがよくなっていき、成果を出せるグループへと成長していきます。

フィードバック交換が活発であることが、なぜそのグループの力を強化するのかというと、フィードバックをしようとすることでそれぞれのメンバーの「**俯瞰力**」が高まるからだと考えます。

というのも、メンバーに対するフィードバックは、全体を観察していなければできません。全体の議論の流れの中で、それぞれのメンバーがどう発言し、どう行動し、それ

が全体の議論やグループの活動の流れをどう変えていくのかが見えるからこそ、相手に適切なフィードバックを送ることができるのです。

そして、この「俯瞰力」には二つの視点が必要になります。一つが、今起こっていることを広く俯瞰できる視点（水平の視点）と、もう一つがその先の未来を俯瞰できる視点（垂直の視点）です。

たとえば、あるグループに、自分に改善を促すようなフィードバックを受けると怒りだしてしまうAさんがいたとします。このとき、ほかのメンバーが、「Aさんの言い出した提案にはかなり大きな欠点があるけれどAさんに反対すると面倒なことになるから……」と、Aさんの提案をそのまま進めてしまうのは、ある意味、俯瞰ができているからです（水平の視点）。

ただ、そのまま行ってしまえば、このグループは何ら成果を出せない可能性が大きいでしょう。そこに気づけるのが、もう一つ、未来を俯瞰できる視点です。その視点によって、「今ここで、Aさんの提案のままで行ってしまえば、今後、また同じことになるだろう。そのときは、今よりさらにまずい方向にいくかもしれない」と気づけます。

そうなれば、「今、この時点で、Aさんに対して、きちんとフィードバックをしよう」という行動をとることができるわけです。

もちろん、最初のうちは、こうした俯瞰力をともなった理想的なフィードバックをすることは難しいでしょう。慣れないうちは、「部分」を観察するのがせいぜいかもしれません。ただ、繰り返すうちに、それぞれの「部分」をだんだんつなぎ合わせていくことができるようになっていきます（その練習には、先ほども紹介した「フィードバックシート」が大いに役立ちます）。

その結果、どうなっていくかというと、全体を俯瞰する視点が持てるようになっていくのです。グループワークでの議論に積極的に参加しながら、同時にいま、自分たちはどのような状態なのかを俯瞰できる。

さらにそこから、今の流れが成果《ゴール》に対してズレていないかという未来に向けた俯瞰もできるようになる。そして、もし成果から外れそうになっていたら、フィードバックを通じて「そうじゃないかも」と軌道修正していける。

こうしたことができるようになれば、目標に対しても早く到達でき、良い結果も出しやすくなります。

ハーバード大学ケネディースクールの教授で、『最難関のリーダーシップ』などの著書やユニークな授業で知られるロナルド・ハイフェッツ氏が、リーダーシップを説明する際にしばしば用いる比喩に、「ダンスホールでのバルコニー」があります。

これは、ダンスホールで踊っているとき、リーダーシップを取るためにときどきバルコニーに上がることが重要だということ。つまり、リーダーシップにおいては、「グループを俯瞰する」という作業が欠かせない、ということです。

バルコニーに上がって、下のダンスフロアを見渡せば、自分がフロアにいるときには目に入らなかったいろいろなものが見えてきます。全員が楽しんでいるのかと思ったら、実はそれはフロアの一部だけで、残りの人たちはしらけムードだったり。それがわかれば、ダンスフロアに戻って、「いま、こうなっているよ」とメンバーに知らせることができるし、さらに、しらけムードの人たちも楽しめるように働きかけをすることもできます。

こうした「ときどきグループを俯瞰する」視点をメンバーそれぞれが持っていたら、

かなり強力なグループになり得るのです。

第4章

うまくいかないときは、こう解決する

●いざ始めてみたけれど……

第3章では、みなさんの学校生活やそれ以外の日常生活等で、「権限によらないリーダーシップ」を実践していく流れやその具体的な方法について解説しました。ただ、実践してみたらわかると思いますが、自分がイメージした通りにスイスイと進まないことも少なくありません。

たとえば、学生たちのグループワークでの悩みには、次のようなものがあります。

・権限によらないリーダーシップを受け入れない人がいる
・グループ内に「お任せモード」の人が多くて、議論等が活発にならない
・お互い気を遣いすぎて、なかなか前に進まない
・ひとり、あるいは一部の人が暴走してしまう
・攻撃的な人がいて、なんとなく毎回、雰囲気が悪い
・みんなが自分の提案を言うだけで妥協点を見出そうとせず、グループがバラバラ
・最初はみんな積極的だったけど、最近、中だるみしている感じがある

・メンバー間の相性によって、グループとしての成果が左右されてしまう

すでにリーダーシップの実践を始めた人たちの中には、同じような悩みにつき当たっている人もいるかもしれません。

そこで、第４章では、権限によらないリーダーシップを実践していく中で起こるさまざまな問題点について、それらが発生したときにどう対応していけばいいのかを述べていきたいと思います。

●「権限によらないリーダーシップ」を受け入れない人には、どう対応する？

大学で行っているリーダーシップ教育で同じ学年の人ばかりであれば、ほぼフラットな関係で上下関係というものが基本的には存在しません。

一方、教室外では厳しい上下関係が存在していることもしばしばです。学校生活でいえば、部活動はまさにそれです。また、いわゆる「スクールカースト」のように、クラスやグループ内に目には見えない上下関係が存在することもあります。

そして、こうした上下関係のあるグループにおいて起こりやすいのが、「権限によらないリーダーシップ」を受け入れてくれない人の存在により、リーダーシップが発揮しにくい状態になってしまう、というケースです。

実際、このケースは、日常生活でリーダーシップを実践しようとする場合に、必ず出くわすといっていいでしょう。

たとえ、そうしたゆるぎない上下関係や序列があり、権限のない人が提案しにくい状況であっても、「結果の出せるグループ」ならば問題はないかもしれません。

一方で、現状で、グループとして結果が出せない状況が続いていて、その原因の一つとして、厳しい上下関係によりメンバー間の風通しの悪さが挙げられるのであれば、一考する必要があります。

あなたやその仲間たちが、権限によらないリーダーシップを発揮しやすいグループに変化させようと行動していくことは、とても価値のあることだと思います。

●あなたが権限のある立場なら、「仲介役」を引き受ける

では、どうすればその状況を変えていくことができるでしょうか。

もし、あなたが現在、上級生など権限を持つ側にいるのであれば、地道にその人たちに権限によらないリーダーシップを実践することがいかにグループにとってメリットがあるのかを伝え、丁寧に誘っていくしかありません。

たとえば部活動であれば、「権限によらないリーダーシップとは何ぞや？」ということをきちんと説明しながら、それを実践すれば、「勝てるグループになれる」とか「部活動の雰囲気がよくなり、入部希望者が増える」とか、「毎日の部活動が面白くなる」など、そのメリットを伝えていくのです。

また、権限によらないリーダーシップを実践しようとしている下級生に対しては、相互支援で、上級生が下級生たちのリーダーシップを受け入れやすくなるよう、**「仲介役」を引き受ける**、ということも忘れてはいけません。

たとえば、下級生が何らかの提案を持ってきたものの、頑《かたく》なにそれを受け入れようと

しない人がいたならば、「でもさ、これって悪くないと思うよ」とすかさずフォローをする。

あるいは、下級生が上級生に提案を持っていくのをためらっているようなら、「これ、彼らの提案なんだけどさ、やってみる価値ありそうだなって思うよ」と、あと押ししてあげるなどです。

上下関係の厳しいグループにおいては、上と下とを取り持つこうした仲介役が存在することでリーダーシップが非常に機能しやすくなります。もし、自分が上の立場にいるのであれば、こうした仲介役を積極的に引き受けるのがおすすめです。

●あなたが下の立場なら、「質問」を活用していく

では、自分が下の立場の場合は、どうすればよいでしょうか。それには第3章でも紹介したように**「質問」を上手に使っていく**のです。

上の立場の人に対して、単刀直入に「私はこうしたほうがいいと思います」「私はこう思います」など提案や意見を伝えると、「なんと生意気な！」と思われ、聞く耳を持

ってもらえないことが多々あります。自分の権限を守りたい人からすると、「この下級生たちは、自分たちの立場を奪おうとしているのでは」と思われてしまいかねません。

そうした不信感を持たれてしまえば、どんなに努力しても提案を受け入れてもらえる可能性は限りなく低くなります。

そこで、そのタイプの人にも、「質問」を一種のクッションにすることで、「先輩の権限を脅かすために、自分は意見をしているわけではない」ということをわかってもらうのです。

どんな質問をするのかというと、大きく分けて次の二つです。

①「関係性を壊すつもりはまったくありません」という配慮を示した質問をする

②意見や提案は質問形式で行う

先ほども述べましたが、権限を持っている人にとって、その立場を危うくするような発言や行動、態度などは、非常に不快でしょうし、なんといっても恐怖だと思います。

なにせ自分の地位を脅かされるかもしれないのですから。

そこで、何か提案や意見をする際には、①の「いまのこの上下関係を私は壊すつもりはありません」というこちら側のスタンスを「質問」にして伝えるのです。

たとえば、もっともシンプルな質問が「提案したいことがあるのですが、聞いていただけますか?」でしょう。相手の都合を尋ねることで、相手への気遣いをきちんと示すことができます。

こうした相手の立場を配慮した質問をすることで、相手が耳を傾けやすい状況をつくっていくことができます。

もちろん、人によっては、「後輩（年下）が、提案するなんてあり得ない」と、この質問に対しても「NO」と言うかもしれません。その場合は、しつこく食い下がったりするのは逆効果になりかねません。

相手が単にそのとき、機嫌が悪かっただけなら、少し時間をおいて、再びトライするという方法もありですが、「NO」という場合、時間を空けたところでたいして状況は変わらないと思ったほうがいいでしょう。

従って、相手がこうした態度であるならば、これ以上、その上級生に相談することにこだわらないことです。前述した「仲介役」を引き受けてくれそうな別の上級生を見つけて、その人に相談することをおすすめします。

何か事を進めていくには、こうした臨機応変な対応が欠かせません。

●権限のある人を巻き込むには、「質問」を活用する

もう一つの質問の方法が、②の「意見や提案は質問形式で行う」です。

これは、「〜をしてみようと思うのですが、やってもいいですか？」など、相手にお伺いを立てることです。

ただし、お伺いを立てればどんな提案でもいいのかというと、決してそのようなことはありません。あくまでも、そのグループが目指している目標実現に貢献できるものであることが大前提です。たとえば、次の大会で入賞する上で、やや「お荷物的存在」になっている部員の強化の手伝いとか、練習を休みがちな部員への参加を促す働きかけなど、現在、そのグループで課題となっていることの解消につながるような提案を行って

いきます。

ただ、そうはいっても、自分ひとりで判断をしてしまうと、独りよがりの提案になってしまいがちです。そうした事態を避けるためには、事前にバディ（この場合は、前述の「仲介役」を引き受けてくれる上級生も含まれます）に相談し、意見のすり合わせを行うのは必須です。

さらに、提案したあとも、バディとお互いにフィードバックをして、今後の改善計画を立てるという作業を忘れてはいけません。第3章の93ページで見た（1）〜（4）のサイクルをまわしていくことを意識してください。

場合によっては、権限を持っている人に、「何かお手伝いできることはありませんか？」と、現在、そのグループで困っていることはないかを尋ねてみてもいいでしょう。後輩などから「お手伝いさせてください」と謙虚な態度でこられて、嫌な気になる人はそういないと思います。もし、現状で何らかの困っていることがあれば、「この部分で手伝って」とお願いされる可能性もあるでしょう。その場合は、それに取り組んでいきます。

ただ、そうしてお願いされた内容が、今、そのグループが取り組むべき目標とズレていることもあります。その場合は、やはり今すぐに取り組まないほうが賢明です。

では、どうするか？　お願いされた内容に違和感を覚えた場合にも、あなた一人で「それはおかしい」と判断すべきではありません。まずバディ（たち）に相談です。そこで意見を出し合い、その上で「やはりおかしい」と思ったら、相手に伝える必要があります。

その際に使うのも、前述の「質問」です。

この場合は、「それはどれくらいお急ぎですか？」とか、「取り組むのは、今度の大会の前までがいいですか？　それとも、大会の後でもいいでしょうか？」など、緊急度を確認する質問を使います。

こうした質問によって、多くの場合、言い出した人は「それほど急いでいない」と感じるものです（そもそも、そのグループにとって、今、取り組むべき目標ではないので、そうなるのは自然でしょう）。

その結果、言い出した人との関係を壊すことなく、上手にそれへの取り組みを後回しに、さらにはうやむやにしていくことができます。

ただし、このとき、相手からのお願いを「後回し」にしたり、「うやむや」にしたりすることが目標となってしまってはいけません。何のために、こうした質問をするのかというと、そのグループで目指すべき何らかの「成果」を得るためです。常にそこはしっかりと見据えることが不可欠です。

その意味では、こうしたやり取りを通じ、バディたちとの間で、「あれ？　もしかして、じつはこれって、今すぐ取り組む必要があるのでは？」となれば、そうした方向転換もありなのです。

●行動への一押しは、「あなたが本当に必要」の一言で

提案が受け入れてもらえたならば、次は実際の取り組みです。

このとき、権限を持つ人たちも一緒に参加してこその権限によらないリーダーシップです。それぞれが自分の得意なことや強みで、グループの目標実現に向けて貢献してい

くことが求められます。

そのとき、権限のある人たちが、「それならば」とスムーズに参加してくれればよいのですが、そうでない場合、どうすればいいのでしょうか。その際は、もう一つ、その人たちへのアプローチが必要です。

それには、その人たちの存在や力が、その目標達成のためにどれだけ重要な存在なのかを示すこと、です。

たとえば、「先輩がいなければ、次の大会での入賞は難しいと思います」と熱くその必要性を伝える。さらに、「私たち、先輩には優勝して卒業してもらいたいです」「優勝して、私たちに先輩を胴上げさせてください」のように相手の感情に訴える、などです。

以上はあくまでも参考例なので、どういう言葉が、その人たちに響くのかをバディたちといろいろ意見を出し合い、これだ！ という一言を、その人たちに伝えていきましょう。

●社会に出たときも「質問力」は、強力な武器になる

じつは、「権限によらないリーダーシップ」を受け入れられない人たちへの対応が、より大きな壁となって立ちはだかるのは、みなさんが社会に出てからです。

現在の日本において、「権限によらないリーダーシップ」を受け入れる土壌がある程度できている企業というのは、一部ではないでしょうか。しかも、その多くはいわゆる大企業の「人事部」において、という限定つきです。

ということは、大企業であっても、「現場」レベルにおいては、まだまだ「リーダーシップ＝権限」と理解している人が多いのが現状です。しかも、ほとんどの企業において、必ず権限者が存在し、それを裏付ける「役職」なども明確に存在しています。

従って、「権限によらないリーダーシップ」の浸透が急務と考える人事部が若手社員にそうした研修を受けさせても、現場において、実際に権限を持つ上司には、「余計なことを学んできたな」と思われてしまうことがあります。

こうしたことは、もし、あなたが現在、組織に属する社会人であれば、もうすでに経験しているかもしれません。そして、現在の高校生や大学生にとっても、これは決して

他人事ではありません。近い将来、必ず遭遇する現実であり、壁でもあります。

実際、こうした「権限によらないリーダーシップ」を知らない、あるいは受け入れられない人たちへの対応をどうするかというのは、リーダーシップ教育でのひとつの大きな課題です。このことは、私が立教大学でリーダーシップ教育の科目を開始した初期の頃にぶつかった大きな壁でもあります。最初の頃に受講した1~2期生において、卒業後、1、2年で会社を辞める人が出てきたのです。社会に送り出した大学側としても気がかりで、辞めた理由を卒業生たちにヒアリングをしてみると、上司や先輩にいくら提案をしても聞いてもらえず、「若手を活用する意思のないこのような会社にいても将来性が感じられず辞めた」と話すケースが少なくありませんでした。

ここで私たちが気づいたのが、いくら大学で「これからの時代は『権限によらないリーダーシップ』だ」と教えても、当時の社会においては、それを受け入れる土壌がまだ整っていないのだ、ということです。

そのため、社会に出て、権限によらないリーダーシップを発揮しようとすれば「ロクに仕事もできない若造が生意気を言うな」と一蹴されて終わり。その繰り返しの中で疲弊し、会社を辞めていく卒業生が出てしまったわけです。

こうした事態を受けて、私たちはカリキュラムを見直すことにしました。私たちが行っているリーダーシップ教育と、現実の社会との齟齬《そご》を埋めるため、何が必要なのか。どうすれば大学で学んだリーダーシップを現実の社会の中でうまく実践していけるのか。

その中で見えてきたのが、**「質問力が大事」**ということでした。先ほど、権限によらないリーダーシップを受け入れない人に対しては、「質問」を活用しようと述べましたが、このことは、実際に社会に出てからも言えるのです。

そこで、現在のリーダーシップ教育では、単にリーダーシップを発揮できる力を身につけるだけでなく、合わせて「質問力」を磨いていくことにも力を入れるようになってきています。

たとえば、私の授業で取り入れているのは**「質問会議」**と**「コーチング」**です。

質問会議とは、意見を出し合うのではなく、「質問」とその「答え」だけで問題解決を図っていくという会議手法です。またコーチングとは、1対1でペアになります。質問会議のメンバー間はフラットですが、こちらは「コーチ」と「コーチングを受ける人」に分かれ、「コーチが質問し、それに答える」対話を繰り返して目標達成を目指す方法です。

どちらも「質問力」を鍛えていくのに効果があります（本書では詳しい解説は割愛しますが、これらをテーマにした本はいくつも出版されているので、興味のある人はそれらを読んでみることをおすすめします）。

●とりあえず、「人」を見ながら、できる範囲で実践していく

こうした質問力を鍛えるのと同時に、私自身が、社会に出た卒業生たちにアドバイスしているのは、「相手を選べ」と、「できる範囲でリーダーシップを発揮していけ」です。

権限によるリーダーシップという考えに凝り固まっている人に、権限によらないリーダーシップという発想をわかってもらうのは簡単ではありません。どんなにメリットを伝えたところで、多くの場合、右から左に聞き流されてしまいます。

そこで、そうした人たちには、とりあえず「質問力」を駆使して、権限のない自分が、「提案する」ことを許してもらえる雰囲気をつくっていくことが大切です。

ただ、それでも頑なに権限を持たない人間からの提案に耳を貸さない人はいます。念のため、バディなどを通して、自分の提案内容やその方法を確認し、そこに問題がないようなら、深追いしないことです。「この人よりも他の人に言ってみることに時間を使おう」と、見切りをつける。良い意味で「あきらめる」のです。これが**「相手を選べ」**です。

一方で、権限によらないリーダーシップを理解してくれる上司や先輩は、必ずいるはずです。そうなってくれそうな人を見つけては、権限によらないリーダーシップとは何か？　を丁寧に説明し、賛同者を増やしていく。そして、その中で実践していけばいいのです。つまり、**「できる範囲」**で始める。

それで少しずつ結果を出していく。その繰り返しの中で、気がつけば権限によらないリーダーシップが組織の中で広がっていく可能性もあります。

最初から全体を変えようと意気込まないことです。**理解してくれる人とできる範囲で実践していって広げる機会を待つ。**このスタンスを持つことが、自分自身のモチベーションを下げずに、リーダーシップを実践していくコツだと私は考えています。

●道は開けつつある

日本の社会においては依然として「リーダーシップ＝権限」という理解がまだ多数派を占めているとはいえ、この状況もどんどん変化していると私は考えています。というより、「変化せざるを得ない」というのが実際のところでしょう。

グローバル化が急速に進む中、近年の企業の経営環境が変化するスピードにはすさまじいものがあり、しかも予測が困難です。たとえば、外国のどこかの国で一たび政変や大きな災害が起こると、それが直接に日本企業の経営に影響するようになってきています。

第1章でも述べましたが、こうした時代において、従来のように権限のある人にしか決定権がないというのでは、変化に対して迅速に対応していくことができません。変化に気がついた人が、たとえ権限がなくても、即対応できる仕組みができている組織でないと、変化が激しくて予測不能な現代の世界では生き残っていくのが厳しくなっていくのです。

日本の大企業の人事部の多くが、そのことに気がついたからこそ、現在は、権限によらないリーダーシップの研修などに積極的に若手社員を参加させているのです。

私たちが大学などの授業で行っている社会連携型ＰＢＬにおいても、最近の傾向として、参加してくださる企業の多くは、課題の提供だけでなく、授業の助っ人として20代、30代の若手社員を派遣してくれたりします。聞けば、ＰＢＬに参加することで見違えるほど変化する若手社員が少なくないようです。

参加した若手社員の人たちからも、「授業で出会う学生たちと、数年後には同じ土俵で仕事をすることになるのかと思うと、うかうかしていられない」という感想を、しばしばもらいます。そうやって我々のリーダーシップ教育の授業を通して、若手の社会人が奮起してくれるのは、こちらとしてもうれしい限りです。

そして、こうした社員が中堅になっていけば、会社内において、より権限によらないリーダーシップが受け入れられやすい土壌ができていくと期待できます。

もちろん、今のところ、こうした動きは大企業とベンチャー中心ではありますが、大企業とベンチャーが変わっていけば、中小の企業も徐々にそれに倣っていくことが予想されます。

その意味で、権限によらないリーダーシップを社会の中で実践していくことは、決していばらの道ばかりではないのです。このことは、これから社会に羽ばたいていくみなさんに、私がどうしても伝えたいメッセージでもあります。

●リーダーシップに無関心な人への対処法

次に、グループ内に「お任せモード」の人が多い、という問題への解決法を見ていきましょう。

こうしたお任せモード（「タダ乗り」を意味する「フリーライド」という言い方をする場合もあります）が多いと、結果的にひとり、もしくは一部の人が最初に提案したプランのまま進んでしまいます。これも、授業のグループワークでときどき起こります。提案を発表するプレゼンテーションと質疑応答も、ひとり、もしくは一部の人が行っていて、見た目にも他のメンバーがお任せ状態になっていることがわかります。

グループ内にこうしたお任せモードの人が生まれてしまうと、やはり良い成果を得にくくなります。それどころか、成果《ゴール》になかなか行きつけないということも起きかねません。

お任せモードの人が生まれてしまう理由はさまざまです。

そのひとつが、その人が「そもそもリーダーシップに興味がない」というケースです。その人からすれば、「そんな面倒なことをなんでするわけ？」というわけです。そのため、できるだけかかわらないように、役割が振られないように、といった行動をとります。

ただ、私のリーダーシップの授業でこのタイプの人たちをよくよく観察してみると、「まったくやる気がない」というわけではないこともあります。その面白さや、いかにその実践が個人の成長につながっていくのかなどを理解すると、意外に乗ってくるケースが少なくありません。

従って、このタイプの人を巻き込んでいくには、自分たちがリーダーシップの実践を楽しんでいることを示すのが、まず一つ。さらに、その実践を通して、小さくてもいいので、「成果」を一つひとつ出していくことです。まわりの人が何か楽しそうに盛り上がっていると、たいていの人は気になります。「なんだか楽しそうだな〜」と、ちょっとうらやましくなったりします。そうやって、相手の興味を引き付けるのです。

しかし、そこで終わってはいけません。すかさずリーダーシップの三要素のうちの「相互支援」を行っていきます。つまり、「○○さんも、やってみない？」とか、「○○さんも、来いよ」など、その人を誘う。みなさんも経験があるかと思いますが、そうやって声をかけてもらえると、意外に嬉しいものです。

中には天《あま》の邪鬼《じゃく》で、なかなか素直に「じゃあ、入れて」と言えない人もいます。そのようなときは気長に声がけをつづけ、徐々に相手の気持ちをほぐしていき、相手が入ってきやすい雰囲気をつくってあげるといいでしょう（これも相互支援です）。

さらに、実際にその人がグループに入ってきたときには、いわゆる「どや顔」をしてはいけません。思わず、からかい半分に、「だから言ったろう」と言いたくなるかもしれませんが、そこは我慢です。何事もなかったかのように受け入れてあげましょう。

ただし、こうした「リーダーシップに関心のない人」を巻き込んでいく際に、その行動そのものが目的になってしまってはいけません。そのグループが目指すべき目標を意識し、それに対して、「この人を巻き込むことは、どれくらい必要か」という計算はつねにする必要があります。

●「お互いに気を遣いすぎる」というグループへの対処法

お任せモードになってしまう別の理由として、「反対意見を言うことは悪いことだ」という意識が強い、というのがあります。そのため、人に合わせることが最優先となり、結果として、お任せモードになってしまうのです。こうした考え方の背景には、それまで受けてきた学校教育も強く影響しているのだと思います。

グループ内にこうしたタイプの人が多いと、やはり活発さが乏しくなってしまいます。最初に出た提案に全員がタダ乗りしてしまうということが起こりやすくなります。

本来のリーダーシップの実践では、その最初の提案をスタートに、メンバーそれぞれが意見を出し合い、その中で「ああでもない、こうでもない」と練り、よりよい決着点を見出していきます。そのプロセスが抜けているわけですから、やはりこうしたグループは良い結果を出すことができません。

たまたまあなたがこうしたグループに属することになったのならば、まずすべきは、グループが共有している目標の再確認です。「私たちが目指すのは、○○という結果を出すことであり、『波風を立てずに、平和に過ごすこと』ではないよね」ということを改めて確認するのです。親睦会を開いて、その席上でこうした話をするのもよいかもしれません。

そして、その上で、その目標に向かってあなたのできることを率先垂範したり、さらには他のメンバーが活動しやすいように相互支援をしたりしていきます。

かなり地道な活動ではありますが、彼ら彼女らの中に根付いている「反対意見を言うことは悪いことだ」という思い込みを打ち砕いていくには、これが近道だと思います。あるいは、先ほどのリーダーシップに無関心な人たちを巻き込む方法として紹介した「小さい成果を一つひとつ出していく」というのも有効でしょう。

私たちの授業でも、こうしたタイプがたまたま集まり、お互いに気を遣いすぎてしまうあまりに、前に進まないというグループをときどき見かけます。こうしたグループへの効果的な処方箋のひとつは、他の活発なグループが一つひとつ小さいながらも「成果」を出しているのを目の当たりにすることです。

また、失敗体験もかなり効果があります。こうしたグループは多くの場合、良い結果を出すことができません。そうした現実にぶち当たり、なぜそうなったのかを振り返る。そうした経験から**「反対意見を言うことは決して悪いことではない。むしろ言ったほうが良いときもある」**ということに気づいていく。リーダーシップの授業を通して、そうした変化を遂げていく学生をこれまでに何人も見てきました。

●役割は、明確かつ現実的なものにする

お任せモードになってしまう理由が「設定された目標について、腑《ふ》に落ちていない」というケースもあります。その目標を達成することに、その人がさほど価値を置いていない、ということです。つまり、目標共有ができていない、というわけです。

この場合、もう一度、メンバー間で集まって、目標を見直す、という作業が必要でしょう。その中で、メンバー全員が納得できる「目標」を設定し直していきます。

また、グループの中で、役割が明確に割り振られていなかったため、「私は、やることがない」となってしまったり、あるいは役割は振られたものの、それが自分の能力を超えていたり、忙しすぎてできなかったりという場合も、結果としてお任せモードになってしまうこともあります。

このようなときによく見られるものが、役割を果たさないメンバーを「なんで自分の仕事をきちんと果たさないの！」と責めるという光景です。

これはよくない傾向です。責められればさらにモチベーションが下がってしまいかねません。そして、そうした空気はグループ内にも伝染しやすいですから、グループ全体の士気も下がりかねません。

そもそも、ここでみなさんにしっかりお伝えしたいのが、権限者の存在する組織等でない限り、そのグループ内で起こっていることのすべての責任は「全員にある」、ということです。

たとえば、ある役割をメンバー全員の合意のもと、ある人が引き受けたものの、失敗してしまったという場合、その責任はその人だけでなく、メンバー全員にあるのです。

なぜなら、その人にその仕事を任せたのは、メンバー全員だからです。

これは、任せた仕事をやってこないメンバーに対しても同じです。任せたのは自分たちであり、その人が「やってこないかもしれない」ということを見通せなかったメンバー全員の甘さについての責任を負う必要があります。

そして、こうした事態に遭遇した場合、そのグループがすべきことは、目標達成というゴールをしっかり見据えて、「今できること」を考え、行動していくことです。誰かを責めたり、あるいは自分たちを責めたりする時間があったら、**目標実現に向けて必要な次の一手を考え、行動することが大切です。**

たとえば、この場合で言えば、役割分担の見直しです。それぞれどのような役割だったらできるのかを話し合っていきます。役割が明確で、かつ現実的なものであれば、「やることがない」とか、「私の手に負えず、できない」「忙しくてできない」といった状況が起こるのを避けることができます。その結果、「お任せモード」の人は生じにくくなるはずです。

●ひとり、もしくは一部の人が暴走してしまったときの対処法

リーダーシップの実践において、しばしば起こる問題として、ひとり、もしくは一部の人が「自分（たち）がリーダーだ」と言わんばかりに、グループをぐいぐい引っ張ろうとしている状態があります。つまり、ひとり、もしくは一部の人が暴走してしまうのです。

これは、授業でのグループワークでしばしば見受けられます。暴走してしまうタイプを見ると、大学に入るまでの段階で、「自分こそ一番」と自信満々で過ごしてきた人が多いようです。

ひとり、もしくは一部の人が暴走してしまえば、結局、その人たちの提案だけで事が進んでいくことになります。その場合、他のメンバーの意見等はほとんど反映されないでしょう。それでは、権限のある一部の人だけで物事を決めていくという、従来型のリーダーシップとなんら変わりません。メンバーそれぞれの多様な意見を取り込んでいける権限によらないリーダーシップを実践している意味がなくなってしまいます。

ではどうすれば、ひとり、もしくは一部の人が暴走してしまう状況をストップするこ

とができるのでしょうか。

それには、メンバー全員で集まって、**「振り返りの時間」**を持つことです。P93の流れでいうと（5）に当たります。

そこで何をするのかというと、文字通り、これまでの行動を振り返り、それぞれが適切にリーダーシップを実践できたかどうかをお互いにフィードバックしていきます。

たとえば、設定した「目標」をいつの間にかすり替えてしまっていないか（暴走気味の人は、本来の目標よりも「自分がつねに先頭を走る」という目標を優先していることがあります）。全員が共有目標に納得し取り組んでいるか。それぞれが率先垂範できているか。相互支援は十分か……などなど。

こうしたフィードバックのやりとりは、現状でグループが抱えている問題点や個々のメンバーに不足している個所を洗い出す良い機会になります。当然、暴走気味のメンバーを本来の軌道に戻ってきてもらう上でも良い機会になります。

この振り返りの時間は、いってみれば、「空気の入れ換え」時間です。

目標を設定し、その達成に向けてメンバーそれぞれが活動をしていくわけですが、その中でさまざまな問題点や不満などが生じてきます。それらは日々のフィードバックで解消していくのも大切ですが、そこで取りこぼしてしまうこともあります。そうしたものを、思い切り吐き出すために、日々のフィードバックとは別にまとまった振り返りの時間を設ける、というわけです。

こうした振り返りの時間は、思いついたときや気づいたときに行う、というよりも、最初から仕組みとして設定しておくことをお勧めします。つまり、スタートした時点で、「3週間ごとに、振り返りを行う」など、実施する時期をあらかじめ決めておくのです（頻度は、そのプロジェクトによって異なります）。

仕組みとして整っていれば、こうした「ひとり、もしくは一部の人の暴走」やその他の問題が発生するのを未然に防ぐことにもつながります。

こうした振り返りの時間は、大学の授業でも実践しています。

たとえば、PBLなど、一定期間、同じメンバーでグループワークに取り組んでもらうときには、中間に必ずこの振り返りの時間があります。そこで、自分たちのリーダーシップはどうだったか振り返り、フィードバックを交換する。さらに、そうしたフィードバックから今後の改善計画を立て、それをグループ内で宣言する、ということを行うのです。そうすることで、問題点や不満などを、大ごとになる前に解消していくことができます。

実は、このことは、私自身、リーダーシップの授業を作っていく中で学んでいったことです。授業をスタートさせた最初期の頃は、こうした中間の振り返りの時間はありませんでした。従って、学期の最後までひとり、あるいは一部の人が暴走したままだったというグループもありました。

そこで、「これを解消するにはどうしたらいいのだろう」と、教員やTA（Teacher Assistant：教師の補佐をする学生のこと）などと話し合っていく中で、この振り返りの時間が設けられるようになったのです。

●建設的なフィードバックの交換で感情のもつれを解消する

振り返りの時間は、「空気の入れ換え」時間でもあると述べましたが、そのため、やり方を間違えてしまうと、それまで溜《たま》っていた不満が爆発して、お互いに攻撃し合ったり、誰かひとりが標的になりみんなから責められたり……ということも起こりがちです。クラスや部活、友人同士などの間でのいわゆる「話し合い」や「反省会」といったものは、こうした展開になることがときどきあります。ところが、「状況を改善する」という前向きな目的で行われたはずの反省会が、結果的にはメンバー間の感情のもつれを露呈させ、いっそうの関係悪化につながってしまう。

みなさんにも、一度や二度、そういった経験があるのではないでしょうか。

しかし、こうした展開になってしまうのは、結局、お互いに「言いっぱなし」「聞きっぱなし」になってしまっているからです。

だからこそ、みなさんにつねに意識してもらいたいのは、「フィードバックを出す側は、不満を言うのではなく改善提案を行う意識を持つこと、フィードバックを受ける側はそれを活かして実際に改善に努める」ということです。

振り返りの中で、メンバー間に感情的な衝突が起こってしまうのは仕方がありません。空気入れ換えの時間なのですから、そうしたことが起こるのは当然です。ただ、そのままにせず、こうした感情的な衝突についても、フィードバックをしていくのです。

そのとき、忘れてはいけないのは、第3章でも述べた通り、フィードバックは、相手やあなたに対する「評価」でも「攻撃」でもない、ということです。相手や自分の長所や短所、得意な部分や苦手な部分などを気づかせ、さらには、「こうするともっとよくなる」と提案するのがフィードバックです（その際には前述した質問力を働かせるのが重要です）。

そして、感情的な衝突について、こうした建設的なフィードバックのやりとりができれば、その後の人間関係の悪化にはつながっていきません。逆に、メンバー間の感情のもつれを解消しやすくしてくれます。

リーダーシップを身につけていくということには、こうした効果もあるのです。

●攻撃的な人への対処法

こうした振り返りの時間に限らず、通常のフィードバックにおいても、ネガティブな発言で相手を攻撃するのがクセになってしまっている人はやはりいます。

第3章で述べたように、リーダーシップの授業では「攻撃的なフィードバック」は厳禁です。それは教室でもしつこいくらいに言っています。それでも、やってしまう学生はいます。そして、残念ながら、こうしたメンバーがいると、そのグループの雰囲気は悪くなります。メンバーのモチベーションもだんだんと下がっていき、活動も停滞気味になります。

では、このタイプの人がグループの中にいた場合、どう対処していけばいいのでしょうか。

このタイプの人は、グループで共有している目標よりも、「グループの中で自分が勝つこと」という目標が優先してしまっているといえます。グループの他のメンバーの「粗《あら》」を見つけてそこを攻め、相手に自分が勝つことに最優先の価値を見出しているのです。相手を論破することで自分に従わせることが目的になっているともいえます。つまり、権限によらないリーダーシップの目指す方向とちがうことをやってしまっているわけです。

そのタイプへの対処法としては、日々のフィードバックを活用して、自分たちのグループが目指している目標に気づいてもらうしかありません。そして、その目標を達成するために、今すべきことは「誰かを論破し、あなたが勝つことではない」ときちんと認識してもらうのです。

私の授業を見ても、毎年、このタイプの学生はいます。ただ、授業中やその他で、繰り返しフィードバックを受けることで、だんだん変わっていきます。自分の良い部分や、改善することでもっと良くなる部分などに気づいていくことで自己効力感を高め、それに伴い他者も受け入れる余裕が出てくるのだと思います。

その意味で、多少、時間はかかりますが、このタイプには繰り返しのフィードバックがやはり効果的なのだと思います。

●攻撃的なフィードバックの応酬になってしまったら？

もちろん、そうした変化の途中で、売り言葉に買い言葉で、グループによっては、攻撃的なフィードバックの応酬になってしまうこともあります。こうなると、メンバー間の感情のもつれがどんどん複雑になり、目標達成どころではなくなります。

私の授業では、グループワークは基本的には学生の主体性に任せることにしていますが、さすがにこの状態になると、授業を補佐するSAやTAに介入してもらいます。

そこで行うのは、そのグループが共有している目標を再確認させること。このグループは何のためのものなのか、何を目指しているのかを、もう一度、確認してもらうことで、フィードバックで相手をやりこめたり、相手に勝ったりすることが、このグループの目標ではないことに気づいてもらうのです。

ただ、授業外でリーダーシップを実践していく場合には、SAやTAはいませんよね。その場合は、グループ内で誰かがSAやTAの役割を担うしかありません。

そうした役割ができるメンバーになるには、まずなんといっても、そうした攻撃的なフィードバックの応酬には巻き込まれないことが必要です。また、たとえ巻き込まれたとしても、「あれ、これは違う！」と気づき、**そこから抜け出せなければいけません。**

そして、そうした行動が取れるようになる上で非常に重要なのが、第3章で述べた「**俯瞰力**《ふかんりょく》」です（110ページ参照）。

グループ内の活動に積極的に参加しながら、ときどき、143ページで紹介したハイフェッツの「ダンスホール」の比喩でいえば「バルコニー」に上がって全体を見渡すような視点で、現状を俯瞰してみるのです。すると、その中に入り込んでいるときには気づけなかったいろいろなことを発見できます。そして、発見したら、再度、「ダンスフロア」に戻って、メンバーに現状を伝え、軌道修正に取り組んでいきます。

メンバーそれぞれに、こうした俯瞰力が身についていくと、実際には、攻撃的なフィードバックの応酬は起こりにくくなりますし、たとえ起こっても、すぐに鎮静化できるようになっていきます。

ちなみに、「俯瞰力」は、リーダーシップの実践において非常に重要なスキルですが、俯瞰してばかりいてもよろしくありません。自分も行動していく。つまり、プレイヤーとしても力をきちんとつけていくことが重要です。

俯瞰だけでは、その人は単なる「評論家」です。評論するだけで、実際に行動しない人に、「こうしたほうがいい」と言われても、ちょっと説得力がないですね。

ハイフェッツがダンスホールの例で述べているように、バルコニーとダンスフロアを行ったり来たりする。こうしたバランスの良さがリーダーシップを身につけていく上では不可欠なのです。

●グループにまとまりがなく、前向きに進展していかない場合の対処法

またリーダーシップの実践において思うように結果の出ないグループの中には、「全員が熱中しているが協同していない」というケースがあります。

全員が頑張っているのなら、リーダーシップの三つの基本要素が十分に働き、良い結果が出そうなものですが、そうならない場合もあるのです。その一つは、全員が自分のやり方や提案通りに進めることに一生懸命になり、グループとしての調和点を見出そうとしない場合です。

先ほど、ひとり、あるいは一部の人が暴走してしまうケースの対処法を述べましたが、ここで述べる「全員が熱中しているが協同していない」というのは、いわば全員が暴走してしまっているわけです。これではグループはバラバラ状態です。

私の授業でも、こうしたグループを時々見かけます。社会連携型PBLでは、最終的に課題を出した企業や自治体の人に対して何らかの結論を提出しなければなりません。

そこで、このタイプのグループはいったいどういう形で決着をつけるのかとこちらも観察をしていると、それこそ最後の最後になって、取ってつけたような、まったくグループで練った形跡のないアウトプットをしたり、複数の全く関連しない提案をもってきたりします。

こうした状況に陥ってしまう最大の問題点は、すでにみなさんもおわかりでしょう。それぞれが「自分のやり方、提案を通す」を最大の目標としてしまい、グループで共有している本来の目標を見失ってしまっているのです。

従って、これを解決するには、グループ内の誰かが、この現状に気がつき（このとき、必要になるのが、先ほどの俯瞰力です）、「現状を振り返ろう」と提案することです。ひとり、あるいは一部の人が暴走してしまっているときと同じく、振り返りの時間を設けるのです。

その中でお互いのリーダーシップについてフィードバックをしていく。そのやり取りの中で、改めて自分たちのグループが共有している目標を再確認します。そして、それに近づけるために、それぞれがどう行動を改善していけばいいのかを明確にしていきます。

●だんだんとチームがダレてきたときには？

何週間かかけて目標達成を目指すグループワークの場合、最初こそ盛り上がっていたものの、途中で中だるみが起こってくることがあります。

たとえば、授業外でのミーティングへの参加率が下がる、などです。

このようなとき授業では、最初は授業を補佐するＳＡやＴＡの学生にお願いして、そうしたグループのメンバー一人ひとりに１対１の面談をしてもらうことがあります。

１対１で面談することで、それぞれの学生の事情がいろいろとわかってきます。そして、そうした事情を踏まえた上で、今後、どうしたらいいのかを話し合い、改善策を見出していくのです。

これは非常に効果があります。

たとえば、あるグループの例ですが、メンバーのミーティングへの参加率が低い状態をなんとかしたいと思っていました。そこで、ＴＡが１対１の面談を行ったところ、どうも時間の設定がまずかったことがわかりました。それぞれ部活動やバイトなどが入っていて、参加できなかったのです。

そこで、全員の空いている時間を確認したところ、たまたま「授業後すぐ」なら全員が集まれることがわかりました。そして、その時間にミーティングを実施するようにしたら、参加率の低さが見事に解消されたのです。

一方、日常生活で実践する場合には、こうしたSAやTAという存在がいません。その場合は、どうすればよいのかというと、「自分たちで行う」となります。たとえば、メンバーの中の一人がその担当となり、**1対1で聞いていく**という方法などがよいのではないでしょうか。

また、先述した振り返り時間でのフィードバックも、こうした中だるみ対策としては非常に有用です。

その他、「中だるみ」へのこれも授業での対応策として、途中で部外者に「活」を入れてもらう、ということを行っています。たとえば、PBLの場合、途中で中間発表というものがあります。そこで、課題を出した企業や自治体の担当者の方に、手加減せずに厳しいコメントを言っていただくのです。

こうした厳しい言葉によって、学生たちは「このままではまずい！」という危機感を共有します。

適度な「危機感」というのは、人間のやる気を引き出します。そのため、こうした「活」は、グループを活性化するのに非常に効果があります。メンバーの中に「なんとかしなければ」という思いが共有され、グループの団結感、さらに一人ひとりのモチベーションを高めていけるのです（ただし、危機感が強すぎると、逆に茫然自失《ぼうぜんじしつ》となりやる気を失うので、そのさじ加減には要注意ですが）。

実際、この中間発表で企業の担当者の方に酷評されたのを機に、良い方向にグループの雰囲気がガラリと変わることはよくあります。

中だるみ対策として、こうした「中間報告」のようなアウトプットの場を設けるのもいいでしょう。スポーツ系の部活動でいえば、「練習試合」はそうした機会になるでしょう。文化系の部活動でも部内など小さな規模で発表会があれば、それに向けてモチベーションを高めることができます。

クラスその他の活動であれば、「振り返り時間」とは別に、それこそ「中間報告」の時間を設けるという方法もあります。他のメンバーの進捗状況を知ることで刺激を受け、自分のやる気を鼓舞できるきっかけにもなるはずです。

このように、いま自分の進めているプロジェクトに合わせて、途中でどのようなアウトプットの機会を設けたらいいのかを検討してみましょう。

●嫌いなメンバーであっても、なんとか目標を達成するのがリーダーシップ

リーダーシップの授業で学生はいくつかのグループを経験しますが、その中にはまとまりのあるグループもあれば、いまいちバラバラなグループもあります。活発なグループもあれば、動きの鈍いグループもあります。

そうしたさまざまな経験の中で、学生たちがしばしば口にするのが「今回はメンバーに恵まれた」「今回のメンバーはよくなかった」という言葉です。つまり、グループの活動やその成果の善し悪しを、メンバー間の「相性」のせいで片づけようとするのです。

これは残念な間違いです。

リーダーシップの三つの基本要素がきちんと機能していれば、嫌いなメンバーがいても、そのグループは目標を達成することができます。というより、なぜリーダーシップの実践が必要なのかというと、メンバー同士の相性に左右されることなく、結果を出していくためです。そのための具体的な方法が「三つの基本要素の実践」といってもいいでしょう。

その中でも、やはり大きな役割を果たすのが、目標の設定と共有です。グループ内において、「これを達成したい」という共通の強い目標があり、その達成に今、ここにいるメンバーが必要だと思えば、多少、相性の悪い人間とでもなんとかうまくやっていこうとするのが人間です。

歴史を見ても、それまで仲の悪かった二つの勢力が、共通の敵を目の前にして、それを倒すために手を組む、ということはしばしばあります。それと同じで、成果目標が一致すれば、性格の不一致は二の次になるものです。

共通の目標を達成する活動がうまくまわり、何らかの良い結果が出ると、人間関係が改善する、ということも起こります。

リーダーシップの実践において、メンバーの相性の善し悪しは二の次です。というより、それを乗り越えて結果を出していけるのが、リーダーシップの実践といっていいでしょう。

ただ、それが実現できるようになるのは、やはりある程度、リーダーシップを身につけていることが不可欠なことは言うまでもありません。

この最終章では、リーダーシップの実践において、多くのグループが遭遇しやすい問題について述べてきました。それぞれのメンバーにしっかりとリーダーシップが身についていない段階では、どのグループでも、こうした問題は起こってきます。

そのときは、本章で紹介した解決方法を参考にしてください。トライして、失敗して、振り返って改善し、再度トライ。その繰り返しの中で、確実にあなたはリーダーシップを上手に発揮していけるようになっていくのです。

エピローグ

２００６年に立教大学経営学部でリーダーシップの授業を開講し、早いもので12年が経ちました。この本でも何度か触れましたが、１年間の準備期間を大学側からいただいたものの、最初のうちはやはり手探りでした。

授業を進めていく中で、さまざまな課題に直面し、それらについて教職員や授業の補佐役であるＴＡやＳＡ、さらには受講している学生たちと議論を重ねながら、カリキュラムがどんどん進化し、今の形になっていったという感じです。

その後、私は２０１６年に早稲田《わせだ》大学に移りましたが、早稲田大学でもやはり同じように、カリキュラムは毎年進化していっています。

まさに、リーダーシップの授業を通して、そこに関わるメンバーたちがそれぞれにリーダーシップを実践しているといっていいでしょう。

そして、そうした仕組みができていくきっかけをつくってくれたのも、じつは立教大学でリーダーシップを受講していたある学生でした。

彼は、リーダーシップの授業を開講して二期目の学生だったのですが、あるとき、私のところに来て、授業の内容やＳＡの扱いなどについてきびしい苦情をぶつけてきました。

立教大学の経営学部ではリーダーシップは必修科目。数名に教員が共通の教材を用いて、各クラスを担当していたのですが、教員ごとに教え方やテーマがバラバラになりがちでした。また授業を補佐してくれるＳＡ（彼自身もＳＡでした）の役割も不明確で、雑務を担当する学生アルバイトのような位置づけでした。

彼の不満は、聞いていて私自身、「ごもっとも」というのが正直な感想でした。そこで、私は彼にこう言いました。「不満があるなら、それを提案にして持って来なさい。良い案なら必ず採用しますから」。

この言葉に、授業に対してまだ〝消費者〟的スタンスだった彼は、丸投げされたと感じたのか最初カチンときたようでしたが、しばらくして私のもとに提案を持ってきました。

そこには、ＳＡの組織化や、ＳＡと教員がコミュニケーションを取りやすくするための仕組みづくり、授業内容の統一化の提案が記されていました。どれも読んでいるこちらがワクワクするような素晴らしい提案であり、私たちはすぐさま「やってみよう！」ということになり、行動を開始しました。

それからの動きは速く、ダイナミックな変化が起こっていきました。ＳＡ同士の横のつながりができたことで、受講している学生の不満を拾い上げやすくなり、また、ＳＡと教員とをつなぐ仕組みをつくったことで、両者のコミュニケーションも取りやすくなりました。

このようにして横（ＳＡ同士）、と縦（ＳＡと教員）両方で情報の交流がさかんになったことで、授業に対する学生の不満などが担当の教員に伝わりやすくなり、その結果、これまで教員によってバラバラだった授業内容の統一化が図られていったのです。

これには私も驚きでした。私自身、授業の統一化については、「何とかせねば」という思いがあり、各先生方に働きかけてはいたものの、それほど成果が上げられずにいました。それが、ＳＡたちと教員とが、より積極的につながれる仕組みができたことで、それを一気に解消できたのです。

ＳＡを中心にした学生たちが、それこそ各々のリーダーシップを発揮し、見事に目標を達成していった、というわけです。

そして、変化はそこで終了ではなく、学生たちが当事者意識をもって主体的に動き、冒頭でも述べたように、リーダーシップのカリキュラムが毎年進化をしていくことにつながっていきました。

こうした状況を見るにつけ、リーダーシップという授業を通して、学生たちが着実にリーダーシップの態度やスキルを身につけてくれていることが実感でき、教える側としてはうれしい気持ちになります（ちなみに、この仕組みのきっかけをつくった学生は、その後、仲間と起業し、現在、リーダーシップ教育を広める活動をしています）。

さて、この本を参考に、身近なところからリーダーシップを実践してみて、さらに興味を持ってくださった人もいることでしょう。

若いみなさんが、この本で紹介したようなリーダーシップを身につけていくことは、みなさん自身のためにも、そして社会のためにも非常に重要なことだと私は考えています。

この本が、この日本という国においてリーダーシップ教育が普及していく、ささやかな一助になればそれに優《まさ》る喜びはありません。

筑摩《ちくま》書房《しょぼう》の吉澤麻衣子さんからこの本の執筆を依頼されたのは2014年の始めだったので、当時からもう5年近くの月日が流れてしまいました。その間、粘り強く督促してくださったおかげで本書が世に出ることになりました。また、ライターの前嶋《まえじま》裕紀子《ゆきこ》さんには十数時間のインタビューから本書の原型になるものをおこしていただきました。私のゼミ生たち(通算37期生と、自主ゼミOD-X)とイノベスト社の方々には校正刷りを読んでもらい克明な改善提案をもらいました。これらの皆さんに感謝いたします。

さらに勉強したい人への読書案内

・ジェームズ・M・クーゼス、バリー・Z・ポズナー著、関美和訳『リーダーシップ・チャレンジ（原書第五版）』（海と月社）

本書で説明した「リーダーシップ最小三要素」のもとになった「5つの実践、10の原則」が詳しく書かれています。権限をふりかざさずに、納得してフォローしてもらうリーダーシップについてのベストセラーです。

・スーザン・R・コミベズ他著、日向野幹也監訳『リーダーシップの探求』（早稲田大学出版部）

本書を読んでリーダーシップをとれるようになった人が、さらに深い自己理解・他者理解・チーム形成に至るために有益な本です。皆に共有した成果目標以外に密かに自己利益のための成果目標をもつような非倫理的なリーダーシップの避け方や自分らしいリーダーシップ、さらにリーダーシップの歴史についても詳しく書かれています。

・堀尾志保・舘野泰一著『これからのリーダーシップ』（日本能率協会マネジメントセンター）
古典から最新の理論まで日本発のものも含め手際よくまとめ、事例も紹介しています。
・日向野幹也編著『大学発のリーダーシップ開発』（ミネルヴァ書房）
本書で紹介したようなリーダーシップ教育（「目標を立てる→経験する→振り返る」という経験学習サイクルによるもの）はいまや全国で約20の大学で展開されるようになりました。早稲田・立教の他に桃山学院・共立女子大などいくつかの大学の事例を、理論の解説とともにまとめています。
・日向野幹也著『「権限によらないリーダーシップ」で組織が変わる』（ちくま新書）
本書と同じリーダーシップ最小3要素が社会人になっても役立つことを詳細に例示した本です。

ちくまプリマー新書

001 ちゃんと話すための敬語の本　橋本治

敬語ってむずかしいよね。でも、その歴史や成り立ちがわかれば、いつのまにか大人の言葉が身についていく。これさえ読めば、もう敬語なんかこわくない！

052 話し上手　聞き上手　齋藤孝

人間関係を上手に構築するためには、コミュニケーションの技術が欠かせない。要約、朗読、プレゼンテーションなどの課題を通じて、会話に必要な能力を鍛えよう。

076 読み上手　書き上手　齋藤孝

入試や就職はもちろん、人生の様々な局面で読み書きの能力は重視される。本の読み方、問いの立て方、国語の入試問題などを例に、その能力を鍛えるコツを伝授する。

153 からだ上手　こころ上手　齋藤孝

「上手」シリーズ完結編！「こころ」を強くし、「からだ」を整える。さらにコミュニケーション能力が高くなる「〝対人体温〟をあげる」コツを著者が伝授します。

096 大学受験に強くなる教養講座　横山雅彦

英語・現代文・小論文は三位一体である。本書では、それら入試問題に共通する「現代」を六つの角度から考察することで、読解の知的バックグラウンド構築を目指す。

ちくまプリマー新書

137
東大生・医者・弁護士になれる人の思考法
小林公夫
受かる人はどこが違うのか。30年間予備校や大学で数え切れない程の受験生を指導した結果みえたこととは？　勉強法を示しつつ難関に立ち向かうことの意味をも考える。

151
伝わる文章の書き方教室
——書き換えトレーニング10講
飯間浩明
ことばの選び方や表現方法、論理構成をちょっと工夫するだけで、文章は一変する。ゲーム感覚の書き換えトレーニングを通じて、「伝わる」文章のコツを伝授する。

158
考える力をつける論文教室
今野雅方
まっさらな状態で、「文章を書け」と言われても、なかなか書けるものではない。社会を知り、自分を知ることから始める、戦略的論文入門。３つのステップで、応用自在。

160
図書館で調べる
高田高史
ネットで検索→解決の、ありきたりな調べものから脱出するには。図書館の達人が、基本から奥の手まで、あなたにしかできない「情報のひねり出し方」を伝授します。

186
コミュニケーションを学ぶ
高田明典
コミュニケーションは学んで至る「技術」である。状況や目的、相手を考慮した各種テクニックを解説し、スキルを身につけ精神を理解するための実践的入門書。

ちくまプリマー新書

191 ことばの発達の謎を解く　今井むつみ

単語も文法も知らない赤ちゃんが、なぜ母語を使いこなせるようになるのか。発達心理学、認知科学の視点から、思考の道具であることばを獲得するプロセスを描く。

221 たったひとつの「真実」なんてない ――メディアは何を伝えているのか？　森達也

今見ているものは現実の一部で、真実はひとつではない。でもメディアは最初から嘘なのだというのは間違い。大切なことは正しく見、聞き、そして考えること。

224 型で習得！　中高生からの文章術　樋口裕一

小論文・作文・読書感想文・レポート・自己PR書など、学校や受験で必要なあらゆる種類の文章を簡単に書くコツを「小論文の神様」の異名を持つ著者が伝授。

232 「私」を伝える文章作法　森下育彦

書き言葉には声音や表情や身振りがない。自分らしく、自分の言葉で書くにはどうすればいいのか？　ちょっとした工夫と準備で誰でも身に付く文章作法を紹介！

233 世界が変わるプログラム入門　山本貴光

新しいコンピュータの使い方を発見しよう！　たかが技術と侮るなかれ。プログラムの書き方を学べば世界を変えられるし、世界も違って見えてくる。

ちくまプリマー新書

263 新聞力
――できる人はこう読んでいる
齋藤孝
記事を切り取り、書きこみ、まとめる。身体ごとで読めば社会を生き抜く力、新聞力がついてくる。効果的なメソッドを通して、グローバル時代の教養を身につけよう。

273 人はなぜ物語を求めるのか
千野帽子
人は人生に起こる様々なことに意味付けし物語として認識することなしには生きられません。それはどうしてなのか？　その仕組みは何だろうか？

278 大人を黙らせるインターネットの歩き方
小木曽健
「ネットは危険！」「スマホなんて勉強の邪魔」？　そんなお説教はもうたくさん！　大人も知らない無敵の「ネットの歩き方」――親と先生にはバレずに読もう。

296 高校生のためのゲームで考える人工知能
三宅陽一郎
山本貴光
今やデジタルゲームに欠かせない人工知能。どうすれば楽しいゲームになるか。その制作方法を通して、人工知能とは何か、知性や生き物らしさとは何かを考える。

299 本質をつかむ聞く力
――ニュースの現場から
松原耕二
真偽不明の情報が溢れる今の時代、都合のいいことだけを声高に言う人やフェイクニュースに惑わされないために、本質を見極め、真実の声を聞くことが大切だ。

ちくまプリマー新書

311
5日で学べて一生使える！
レポート・論文の教科書
小川仁志
こんな入門書がほしかった！ 情報の調べ方、本の読み方から人の心をつかむ文章法まで、知りたかったワザがこれ一冊で一気にわかる！ 本物の添削レポート付き。

015
お金持ちになれる人
邱永漢
どうしたらお金持ちになれるのか？ それは足元に落ちている一円玉を拾うことからはじまります。景気の動向を見きわめて、貯め、儲け、ふやす極意を伝授。

080
「見えざる手」が経済を動かす
池上彰
市場経済は万能？ 会社は誰のもの？ 格差問題の解決策は？ 経済に関するすべてのギモンに答えます！「見えざる手」で世の中が見えてくる。待望の超入門書。

094
景気ってなんだろう
岩田規久男
景気はなぜ良くなったり悪くなったりするのだろう？アメリカのサブプライムローン問題が、なぜ世界金融危機につながるのか？ 景気変動の疑問をわかりやすく解説。

100
経済学はこう考える
根井雅弘
なぜ経済学を学ぶのか？「冷静な頭脳と温かい心」「豊富のなかの貧困」など、経済学者らは様々な名言を残してきた。彼らの苦闘のあとを辿り、経済学の魅力に迫る。

ちくまプリマー新書

102
独学という道もある
柳川範之
高校へは行かずに独学で大学へ進む道もある。通信大学から学者になる方法もある。著者自身の体験をもとに、自分のペースで学び、生きていくための勇気をくれる書。

126
就活のまえに
――良い仕事、良い職場とは？
中沢孝夫
世の中には無数の仕事と職場がある。その中から、何を選ぶのか。就職情報誌や企業のホームページに惑わされず、働くことの意味を考える、就活一歩前の道案内。

240
フリーランスで生きるということ
川井龍介
仕事も生活も自由な反面、不安や責任も負う覚悟がいるフリーランス。四苦八苦しながらも生き生きと仕事に取り組む人たちに学ぶ、自分の働き方を選び取るヒント。

253
高校生からの統計入門
加藤久和
データを分析し、それをもとに論理的に考えることは、現代人に欠かせない素養である。成績、貯蓄、格差など身近な事例を用いて、使える統計思考を身につけよう！

272
あなたのキャリアのつくり方
――ＮＰＯを手がかりに
浦坂純子
フルタイムで終身雇用はもう古い？　自由自在に自分らしいキャリアをつくれる道を知っておこう。ＮＰＯで働く選択肢の可能性と現実から探る、これからの働き方。

ちくまプリマー新書

281
これを知らずに働けますか？
――学生と考える、労働問題ソボクな疑問30
竹信三恵子
「バイトは休暇が取れない？」「どこまで働くと過労死する？」そんな学生の率直な疑問に答えます。仕事選び、賃金、労組、解雇など、働く人を守る基礎知識を大解説！

303
先生は教えてくれない就活のトリセツ
田中研之輔
内定が出る人には理由がある。会ってみたくなるES、インターンの有効活用法、人事担当者がどこをみているかなど、成功するためのメソッドを伝授する。

099
なぜ「大学は出ておきなさい」と言われるのか――キャリアにつながる学び方
浦坂純子
将来のキャリアを意識した受験勉強の仕方、大学の選び方、学び方とは？　就活を有利にするのは留学でも資格でもない！　データから読み解く「大学で何を学ぶか」。

105
あなたの勉強法はどこがいけないのか？
西林克彦
勉強ができない理由を、「能力」のせいにしていませんか？「できる」人の「知識のしくみ」が自分のものになる方法を、認知心理学から、やさしくアドバイスします。

134
教育幻想
――クールティーチャー宣言
菅野仁
学校は「立派な人」ではなく「社会に適応できる人」を育てる場。理想も現実もこと教育となると極端に考えがち。問題を「分けて」考え、「よりマシな」道筋を探る。

ちくまプリマー新書

197 キャリア教育のウソ　児美川孝一郎

この十年余りで急速に広まったキャリア教育。でも、正社員になれればOK？　やりたいこと至上主義のワナとは？　振り回されずに自らの進路を描く方法、教えます。

243 完全独学！　無敵の英語勉強法　横山雅彦

受験英語ほど使える英語はない！「ロジカル・リーディング」を修得すれば、どんな英文も読めて、ネイティブとも渡り合えるようになる。独学英語勉強法の決定版。

277 先生は教えてくれない大学のトリセツ　田中研之輔

大学の４年間どうやって過ごしますか？　なんとなく講義を受けているだけではもったいない。卒業後どう生きるか目標をもって、大学を有効利用する方法を教えます。

285 人生を豊かにする学び方　汐見稔幸

社会が急速に変化している今、学校で言われた通りに勉強するだけでは個人の「学び」は育ちません。本当の「学び」とは何か。自分の未来を自由にするための一冊。

074 ほんとはこわい「やさしさ社会」　森真一

「やさしさ」「楽しさ」が善いとされ、人間関係のルールである現代社会。それがもたらす「しんどさ」「こわさ」をなくし、もっと気楽に生きるための智恵を探る。

ちくまプリマー新書

079
友だち幻想
——人と人の〈つながり〉を考える
菅野仁
「みんな仲良く」という理念、「私を丸ごと受け入れてくれる人がきっといる」という幻想の中に真の親しさは得られない。人間関係を根本から見直す、実用的社会学の本。

122
社会学にできること
西研
菅野仁
社会学とはどういう学問なのか。社会を客観的にとらえるだけなのか。古典社会学から現代の理論までを論じ、自分と社会をつなげるための知的見取り図を提示する。

136
高校生からのゲーム理論
松井彰彦
ゲーム理論とは人と人とのつながりに根ざした学問である——環境問題、いじめ、三国志など多様なテーマからその本質に迫る、ゲーム理論的に考えるための入門書。

169
「しがらみ」を科学する
——高校生からの社会心理学入門
山岸俊男
社会とは、私たちの心が作り出す「しがらみ」だ。「空気」を生む社会そのものの構造を解き明かし、自由に生きる道を考える。ＫＹなんてこわくない！

196
「働く」ために必要なこと
——就労不安定にならないために
品川裕香
就職してもすぐ辞める。次が見つからない。どうしたらいいかわからない。……安定して仕事をし続けるために必要なことは何か。現場からのアドバイス。

ちくまプリマー新書

198
僕らが世界に出る理由
石井光太
未知なる世界へ一歩踏み出す！　そんな勇気を与えるために、悩める若者の様々な疑問に答えます。いま、ここから、なにかをはじめたい人へ向けた一冊。

207
好きなのにはワケがある
——宮崎アニメと思春期のこころ
岩宮恵子
宮崎アニメには思春期を読み解くヒントがいっぱい。物語は、言葉にならない思いを代弁し、子どもから大人への橋渡しをしてくれる。作品に即して思春期を考える。

236
〈自分らしさ〉って何だろう？
——自分と向き合う心理学
榎本博明
青年期に誰しもがぶつかる〈自分らしさ〉の問題。答えを見出しにくい現代において、どうすれば自分らしく生きていけるのか。「自己物語」という視点から考える。

270
「今、ここ」から考える社会学
好井裕明
私たちがあたりまえと思って過ごしている日常を社会学を使って見つめ直してみよう。疑いの目を向けることで新しい世界の姿が浮かびあがってくる。

293
「対人不安」って何だろう？
——友だちづきあいに疲れる心理
榎本博明
友だちに嫌われることを恐れ、ホンネを出せない若者が多い。そこに巣くう「対人不安」のメカニズムを考え、人の目や不安を前向きに受け止めるヒントを説く。

ちくまプリマー新書315

高校生《こうこうせい》からのリーダーシップ入門《にゅうもん》

二〇一八年十二月　十　日　初版第一刷発行
二〇二五年　五　月二十五日　初版第五刷発行

著者　日向野幹也（ひがの・みきなり）

装幀　クラフト・エヴィング商會

発行者　増田健史

発行所　株式会社筑摩書房
東京都台東区蔵前二－五－三　〒一一一－八七五五
電話番号　〇三－五六八七－二六〇一（代表）

印刷・製本　中央精版印刷株式会社

ISBN978-4-480-68341-0 C0237 Printed in Japan